Within the Song to Live

Within the Song to Live

Selected Poems

Bilingual Edition

Natan Yonatan

Translated by
JANICE SILVERMAN REBIBO

gefen
publishing house
JERUSALEM ◆ NEW YORK

With the assistance of the Jewish National Fund (KKL), the I.L. and R. Goldberg Fund.

* * *

Copyright © Gefen Publishing House Ltd. & Natan Yonatan

English translations © Janice Silverman Rebibo
Hebrew poetry © Sifriat Poalim – Hakibbutz Hameuchad
Hebrew text as appeared in "Poems Cloaked in Evening" © Yedioth Aharonoth Publishing House 2004

Jerusalem 2005 / 5764

Typesetting: Jerusalem Typesetting
Cover Design: Studio Paz, Jerusalem
Photo on back cover by Dan Porges

ISBN 965-229-345-8

1   3   5   7   9   8   6   4   2

Gefen Publishing House
6 Hatzvi Street, Jerusalem 94386, Israel
972-2-538-0247 • orders@gefenpublishing.com

Gefen Books
600 Broadway, Lynbrook, NY 11563, USA
1-516-593-1234 • orders@gefenpublishing.com

www.israelbooks.com

Printed in Israel   *Send for our free catalogue*

To Tom, our treasure

"*How very desolate and painful this*
Big universe is
Without him."

(page 51)

CONTENTS

Poems with Love

Poetry's Grace

Appendix: CD Section

Introduction

BY NILI CARMEL-YONATAN*

NATAN YONATAN AND HIS POETRY

On March 12, 2004, the beloved poet Natan Yonatan passed away, and, with his death, one of the clearest voices of modern Hebrew poetry was silenced.

For the past seven decades, Natan Yonatan's poetry has served as a literary seismograph of Israel's autumns and springs and has left its outstanding mark on Israeli culture and literature. One cannot contemplate the world of Hebrew and Israeli poetry without taking into account the contribution of this admired poet.

Natan Yonatan published his first poem in 1940 at the age of sixteen. Since then, his poetry has penetrated thousands of readers' hearts in Israel. His poems symbolize a rare and thrilling combination of change and renewal, whilst still maintaining a quintessential allegiance to their own particular characteristics. Thus, his poems retain a deep connection to the past as well as nurturing a living intimacy with the reader.

Natan Yonatan was a lyric and romantic poet, a poet of yearning. For him, poetry was a way of life, a contemplation of the world; it was the essence of everything. His poetry is made up of layer upon layer, storey upon storey; its paths are open to both short-distance and long-distance runners. One can take refuge in the backyard of his poetry under the refreshing shade of the thick oak branches of his colorful and fragrant metaphors and enjoy the exhilarating softness and sadness of his picturesque language and the musical quality of his poems.

*A poet, critic, translator, literary researcher, journalist, M.A. graduate of Tel Aviv University, (the department of Theory of Literature) and M.A. graduate of Queen's College in New York city (the department of American Literature) Natan Yonatan's wife.

Yet at the same time, his poems are multi-storey towers with a maze of dark cellars. Both on the upper floors and in the cellars, his poetry is saturated with secrets, profound philosophy, brilliant intellect, daring eroticism, and a rare humanistic maturity. His is an existential poetry that traces with great sensitivity the feelings of man regarding his ultimate end. Yonatan's poetry neither disputes nor protests, but rather tackles the upheavals of human fate with love, conciliation, and understanding. His poems reward the readers with the essence of life and morality, of beauty, love and sorrow, of the fear and compassion of human existence—both Israeli and universal.

Yonatan's poetry makes use of all the various layers of the Hebrew language: the everyday, spoken Hebrew as well as the language of the Bible, the Mishna, the Talmud and the Aggada; the language of medieval poetry and that of the classical world. Although it is a poetry rooted in ancient sources, it is nonetheless open to the winds of change.

His poetry has always attracted a wide audience of admirers from Israel and abroad. It is read, sung, and quoted during celebrations and memorials, in times of joy and sorrow, enjoying an incomparable popularity. His poems have also penetrated the books of prayer in the synagogues of Jewish communities worldwide.

Whether it relies on a scheme of meter and rhyme, or not, Yonatan's poetry is always melodious. That is why his poems have attracted the best composers who turned them into popular folk songs sung by all: in schools, synagogues, youth movements, clubs, official ceremonies, serving as an original expression of the culture and sentiments of Israel and Israeli society.

Natan Yonatan's wide literary and general erudition, as well as his broad outlook, enabled him to pursue dialogues with numerous real and fictional characters from world literature and from the mythologies of various cultures. In his poems he converses with writers, poets, and philosophers, whom he considered to be his spiritual forefathers, as well as with his peers, the Hebrew poets of all generations, and even with the graffiti "poets" of the New York subway.

His sudden death, after a short illness, was met with national mourning. Newspapers printed articles about him and his poetry, and interviews with family members and top Israeli artists, under headlines such as: "The Song (Poem) Has Died Out", "His Life's Poetry, Our Life's Poetry", "Poems Just This Far", "The Lover of The Hebrew Language", "Death of the Last Romanticist," and more.

Thousands attended the poet's funeral and participated in the soft, quiet lament of Israel's best singers who prayed and sang his songs by his graveside.

THE LIFE AND WORKS OF NATAN YONATAN

Natan Yonatan was born in September 1923 in Kiev, Ukraine. His parents immigrated to Eretz Israel/Palestine when he was just two years old. In 1935, his family joined the early settlers of the agricultural village Moshav Maas near Petach Tikva. As a member of the youth movement Hashomer Hatzair, he joined Kibbutz Sarid in the Jezreel Valley in 1945 where he remained a member for forty-six years, until 1991.

He is survived by his wife, Nili Carmel Yonatan, his children Ziv, Netta, and Tom. His eldest son Lior, born in 1952, fell in action in the 1973 Yom Kippur War in the north of the Suez Canal where he was in command of a tank platoon.

Natan Yonatan was a graduate of the Hebrew University in Jerusalem, Tel Aviv University, and Oxford University in England. He gained a masters degree in Literature, Hebrew Literature and Comparative Literature.

He conducted lectures in Jewish communities and at universities worldwide. He was a member of the delegations of Israeli writers to many international conferences and conventions: in the United

States, Argentina, Brazil, Venezuela, Mexico, Thailand, China, Vietnam, Korea, Macedonia, Slavonia, Finland, Norway, Spain, Poland, and the Ukraine. In 1995, he was unanimously elected president of the Hebrew Writers Association.

Natan Yonatan published some thirty books, including poetry, a collection of stories for youngsters, a collection of stories for adults, and more. A comprehensive selection of all his poems was issued on the day of his funeral. His poems have been translated and published in the following languages: English, Yiddish, Arabic, Russian, Spanish, Portuguese, French, German, Dutch, Bulgarian, Vietnamese, and Chinese.

Natan Yonatan was a recipient of all the major literary prizes awarded by Israel. He passed away at the age of eighty.

Having lost his son in the Yom Kippur War, he was buried in the plot of the bereaved parents adjacent to the military cemetery in Kiryat Shaul, Tel Aviv.

Many Thanks to:
Ilan Greenfield and the staff at Gefen Publishing House
Ms. Janice Rebibo
Aliza Ziegler, Chief Editor, Yedioth Aharonoth Publishing House
Prof. Gideon Koren, Toronto, Canada
Prof. Uzi Shavit, Sifriat Poalim—Hakibbutz Hameuchad
Suzie Miller, Varda Sagy, Moni Arnon and Nimrod Paz (The Brothers and the Sisters)
Richard Flantz, Mel Rosenberg, Karen Alkalay-Gut and Reuven Ben-Yosef
Ninette Braunstein

This bilingual edition is dedicated in loving memory of
Dror Greenfield

Nili Carmel-Yonatan

About the Translator

Janice Silverman Rebibo, born in Boston, is a Hebrew poet who has translated and edited the work of Israeli authors and academics in many fields. Her three books of poetry were critically acclaimed in Israel, and her poems have become a familiar feature in Israel's literary journals. "After the Azrieli Before the Kirya", her third book of Hebrew poetry, was published in Jerusalem in 2004.

About this Edition

Prior to his death, Natan Yonatan started working on his book Within the Song to Live, a bilingual Hebrew–English edition, which has been published in North America and Israel by Gefen Publishing House, Jerusalem. The book contains a representative selection of poems chosen by the poet as a means to introduce his poetry to English-speaking readers.

The poet opted for a bilingual edition for the benefit of speakers and lovers of Hebrew who live in English-speaking countries. He entrusted the work of translation to the poetess and translator, Ms. Janice Rebibo, who commenced this task as far back as 1997. Some of these translations have already been published in literary journals all over the world.

This edition includes a gift to the reader, a CD with a selection of Natan Yonatan's poems that have become popular folk songs. The songs are performed by "*The Brothers and The Sisters*", one of the best ensembles in Israel.

POEMS OF EARTH AND WATER

To Lior, of blessed memory

לְאָן הָיִינוּ הוֹלְכִים

מָה שֶׁמַּעֲצִיב זֶה לֹא שֶׁהָאָרֶץ מִשְׁתַּנָּה
שֶׁפִּצְעֵי הַמַּחְצָבוֹת קְרוּעִים,
הֲלוֹא אֵין דָּבָר שֶׁאִי־אֶפְשָׁר לְרַמּוֹת בְּצִבְעִים
אֶלָּא שֶׁאֶצְלֵנוּ הָאֲוִיר אוֹזֵל
וְלֹא נַמְרִיא לֶהָרִים.
נִשְׁאָר לַעֲמֹד בִּקְצֵה שְׁמוּרַת אֶרֶץ אָבוֹת
תּוֹעִים בֵּין אַלּוֹנֵי בָּכוּת לְדִיוּנוֹת זְהֻבּוֹת
וְעֵז קְטַנָּה שֶׁנָּתְנָה לָנוּ מֵחֲלָבָהּ וּמִצַּמְרָהּ
וּבְרַגְלֶיהָ הָרָזוֹת חָתְרָה לָנוּ דֶּרֶךְ בַּחוֹלוֹת
אֶל צֵל הֶחָרוּב
וְלוּלֵא הִתְעַקְּשָׁה
אָנָה אָז הָיִינוּ בָּאִים
לְאָן הָיִינוּ הוֹלְכִים עַכְשָׁו.

WHERE WOULD WE BE GOING

What is saddening is not that the land is changing
that jagged quarry-wounds cut deep within,
after all a little paint will cover up a multitude of sin
but that we are running out of air
and we won't soar up to the mountains.
At the edge of the Land of our Fathers Nature Park we'll be standing
between the weeping oaks and golden dunes stranded
while there is a little goat who shared her milk and wool with us
who with her thin legs carved a path for us through the sand
to the shade of a carob bough
and had she not persisted
where would we have been
where would we be going now.

עוֹד שִׁיר עַל אַבְשָׁלוֹם

עָרוּם כָּאִשָּׁה, יָפֶה כַּנָּחָשׁ, בַּיְשָׁן כָּאֱלִיל
תָּמִיד עִם חֶבֶר מֵרֵעָיו, בְּסוּסִים, בַּזָּהָב,
וְעַכְשָׁו, אָמְרוּ, אֵיפֹה עָרְמַת נָשָׁיו
יְפִי נְחָשָׁיו, אֱלִילוֹ הַבַּיְשָׁן,
חֲלוֹמוֹת מַלְכוּתוֹ אַיָּם?
עֵץ בַּיַּעַר, זֶה מָה שֶׁנִּשְׁאַר מִכָּל אַבְשָׁלוֹם
וּבִכְיוֹ שֶׁל הָאָב, הַמְּאֹהָב הַזָּקֵן, אִישׁ הַמִּלְחָמוֹת.
אֲפִלוּ רַכָּבוֹ פּוֹנֶה הַצִּדָּה לִבְכּוֹת;
כָּכָה לִשְׁבֹּר גַּב שֶׁל אָב,
לַעֲשׂוֹת צְחוֹק מֵהַמָּוֶת, מֵהַכֹּל!
אַבְשָׁלוֹם, בְּנִי, בְּנִי, אַבְשָׁלוֹם,
לֹא יָכֹלְתָּ לְחַכּוֹת,
יֶלֶד מְפֻנָּק—עַד שֶׁנַּזְקִין,
שֶׁהַכֶּתֶר יוֹרִידֶנּוּ בְּיָגוֹן.
וְתַלְתַּלֶּיךָ מָה, תַּלְתַּלֶּיךָ—
לֹא יָדַעְתָּ אֵיזוֹ סַכָּנָה טְמוּנָה בְּכָאֵלֶּה תַּלְתַּלִּים?

וְלָמָּה דֶּרֶךְ הַיַּעַר דַּוְקָא
שֶׁכַחְתָּ מָה קָרָה לְיוֹנָתָן?
אֵינְךָ מַכִּיר אֶת הָאֵלוֹת?
אָבִיךָ אָהַב בְּךָ כָּל מָה שֶׁהוּא לֹא,
תִּרְאוּ אֵיךְ הַגֶּבֶר רוֹעֵד כֻּלּוֹ. לָמָּה
אַתָּה חוֹשֵׁב לֹא נָתַתִּי לְךָ מְלוּכָה—
מֵרֹב דְּאָגָה לָעָם? בִּגְלַל גִּילְךָ?

ANOTHER POEM ON ABSALOM

Cunning as a woman beautiful as a snake shy as an idol,

Always with his crew of cronies, on horses in gold,

And now, tell me, where is the cunning of his women,

The beauty of his snakes, his shy idol?

A tree in the forest that's all that's left of Absalom,

And the tears of the father, the old lover, the man of wars;

Even his charioteer turns aside to weep;

Thus to break a father's back,

To make a joke of death, of everything!

Absalom my son my son Absalom

You couldn't wait,

You spoiled child, until we aged,

Until the crown brought us down in agony.

And your curls, what of your curls—

Didn't you know the danger that hid in such curls?

And why through the forest, of all ways—

Did you forget what happened to Jonathan?

Don't you know the terebinths?

Your father loved in you all that he was not,

See now this man trembles all over. Why

Did you think I would not make you king—

Because of my concern for the people? Because

You were too young? If we'd only been able to speak of it calmly

לוּ יָכֹלְנוּ לְדַבֵּר עַל כָּךְ בְּשֶׁקֶט
הָיִיתָ מֵבִין שֶׁאֲנִי כְּבָר לֹא אוֹתוֹ דָּוִד
תּוּגַת אִמְּךָ, רַק מֶלֶךְ בָּא בַּיָּמִים
שֶׁאֶל מוֹתוֹ הוֹלֵךְ בְּלִי שִׂמְחָה
וְעוֹד כָּמַס בְּלִבּוֹ מְזִמָּה אַחֲרוֹנָה
לְהַצִּיל לְפָחוֹת, יֶלֶד אֶחָד שֶׁלּוֹ
מֵהַכֶּתֶר, מֵהַמִּלְחָמוֹת.
רָצִיתִי, טִפְּשׁוֹן שֶׁלִּי, רַק אוֹתְךָ, אַבְשָׁלוֹם.

You'd have understood that I'm no longer the same David

Your mother's sorrow, but just an aging king

Going joylessly to his death

With one last intrigue concealed in his heart:

To save at least one of his sons

From the crown and the wars.

I wanted, my little fool, only you, Absalom.

Trans. Richard Flantz

8

לְכָל אֶחָד יְרוּשָׁלַיִם

לְכָל אֶחָד יֵשׁ עִיר וּשְׁמָהּ יְרוּשָׁלַיִם
שֶׁהוּא אוֹלֵם לָהּ חֲלוֹמוֹת
עַד שֶׁתַּעֲלֶה בָּהָר פְּרִיחַת הַלֵּיל
לְהָאִיר לוֹ בַּעֲרֹב יוֹמוֹ.

לְכָל אֶחָד יֶשְׁנוֹ מָקוֹם בִּירוּשָׁלַיִם
שֶׁהוּא קוֹרֵא לוֹ אַהֲבָה
כְּשֶׁיָּבוֹא בַּסּוֹף יָחֵף וְקַר אֵלַיִךְ
יִמְתְּקוּ הָאוֹר וְהָאָבָק.

יֶשְׁנָהּ עֲצֶבֶת וּשְׁמָהּ דּוֹמֶה לִירוּשָׁלַיִם
וּבִנְגִינַת צְלִילֵי פַּעֲמוֹנִים
שִׁיר אַחֲרוֹן יֵרֵד מִגַּבָּה מִגְדָּלַיִךְ
לְנַגֵּן אֶת שְׁמוֹ בָּאֲבָנִים.

מֵעֲפָרֵךְ יְרוּשָׁלַיִם
יָאִירוּ לוֹ פִּרְחֵי הַלֵּיל.

TO EACH HIS JERUSALEM

To each of us his city named Jerusalem
whose sheaves of dreams he binds
until the nighttime blossoming ascends the mountain
to shine as his own day draws nigh.

To each of us his own place in Jerusalem
which is the place that he calls love
when cold and barefoot in the end to you he comes
and sweetened are the light and dust.

There's a sadness whose name is like Jerusalem
and with the melody of bells that chime,
from your towers' heights a last song will descend
and on the stones will play his name.

From your earth Jerusalem
The flowers of night will shine for him.

רוּחַ דְּרוֹמִית

"וְאִם יִפּוֹל עֵץ בַּדָּרוֹם וְאִם בַּצָּפוֹן
מְקוֹם שֶׁיִּפּוֹל הָעֵץ שָׁם יְהוּא"
(קהלת י"א, 3)

כִּי יֵשׁ תִּקְוָה לָאִישׁ
אִם יִפּוֹל כָּעֵץ וְאִם בַּצָּפוֹן יִפּוֹל
מָקוֹם שֶׁיִּפּוֹל אֶת יָדָיו נוֹעֵץ בַּחוֹל
וְרוּחַ צְפוֹנִית אַחֲרוֹנָה
עַל בַּדָּיו חוֹנָה
גְּנוּבַת לַיְלָה לַחֲלֹם
רוּחַ צְפוֹנִית שֶׁלּוֹ

וְאִם בַּדָּרוֹם יִפּוֹל
גַּם שָׁם
תָּנוּחַ בּוֹ הָרוּחַ
תְּפַזֵּר חוֹל שְׂעָרוֹ
תְּפַזֵּר בִּשְׂעָרוֹ
חוֹל בַּאֲשֶׁר יִפּוֹל
צִפּוֹר לַיְלָה מְהַר הַחוֹל
תָּשִׁיב רוּחוֹ
לְתָמִיד
רוּחַ דְּרוֹמִית.

SOUTHERN WIND

> "And if a tree fall in the south, or in the north,
> In the place where the tree falleth, there shall it be."
> (Ecclesiastes 11:3)

For there is hope for a man
if he fall like a tree and if in the north he should fall
in the place where he falls he'll thrust his hands into the sand
and a last northern wind
upon his boughs shall descend
stolen by night to dream
his Northern Wind

and if he fall in the south
there too
shall the wind come to rest in him
scattering the sand of his hair
scattering in his hair
sand wherever he may fall
a nightbird from the mountain of sand
shall restore his spirit
forever
a Southern Wind.

מַעֲשֵׂה יוֹנָה

כָּל הַלַּיְלָה שָׁכַב יוֹנָה עַל הַחוֹל.

יָפוֹ הָיְתָה יְשֵׁנָה כְּשֶׁפָּנָה לַחוֹף.
קַו הָרָקִיעַ נָגַע בְּקָמְרוֹן הַיָּם הַתִּיכוֹן.
סְפִינָה לְתַרְשִׁישׁ—שֶׁתִּהְיֶה לְתַרְשִׁישׁ
לֹא הָיְתָה לוֹ שָׁהוּת לְשַׁנּוֹת אֶת שְׁמוֹ
לְאֶגֶר קְצָת זָהָב, קְצָת חֲלוֹמוֹת
כְּשֶׁהֵעִירוּ אוֹתוֹ מַלָּחָיו הָיָה מְאֻחָר.
לֹא זָכָה לְקַבֵּל מֵאֲבוֹתָיו בְּרָכָה
לֹא אֲבָנִים טוֹבוֹת. הַיָּם אָסַף אוֹתוֹ
כַּזָּכוּר, בִּשְׁתִיקָה. אֲצוֹת עֲטָפוּהוּ,
כָּל מִשְׁבָּרָיו וְגַלָּיו עָלָיו עָבְרוּ,
שׁוּב נִתְּנָה לוֹ אַרְכָּה לְקַלֵּל עִיר
לִשְׁאֹל אֶת נַפְשׁוֹ לָמוּת, לְהָבִין
שֶׁהַכֹּל הוּא קִיקָיוֹן אֶחָד גָּדוֹל
שֶׁבֶּן לַיְלָה עָלָה וְעִם בֹּקֶר חָלַף
שֶׁאֱלוֹהָיו גָּדוֹל עָלָיו
וְנִינְוֵה תִּשָּׁאֵר עַל תִּלָּהּ
וּלְעוֹלָם יִשָּׁאֵר לְמָשָׁל וְלִשְׁנִינָה
מַעֲשֵׂה יוֹנָה.

JONAH'S TALE

All night long Jonah lay there on the sand.

Jaffa had been fast asleep when he turned to the sea.
The line of the firmament touched the dome of the Mediterranean.
A ship to Tarshish—Why not Tarshish
He hadn't had the time to change his name
to amass a cache of gold, a cache of dreams
By the time his sailors woke him it was far too late.
The blessings of his Fathers he did not attain
Of gemstones he had none. The sea had gathered him in
we recall, silently, weeds wrapped about him,
all of His waves and His billows passed over him,
again he was given a chance to curse a city
to wish in himself to die, to understand
that it's all just one big castor-oil plant
that had sprung up overnight and in the morning was gone
that God was too much for him
and Nineveh would ever abide
and the proverb and lesson would never pale
Jonah's tale.

לְיַד בֵּית־הַחוֹלִים שֶׁל אַשְׁקְלוֹן

שִׁקְמִים אֲצִילוֹת,
הַדְּיוֹנוֹת הֵן שְׁעוֹנֵי הַחוֹלוֹת שֶׁל הַיָּם הַתִּיכוֹן,
הֵן מַנְחוֹת אֶת דֶּרֶךְ הָרוּחוֹת.
הֵן מוֹכִיחוֹת
אֶת גֹּבַהּ קַוֵּי הַגֵּאוּת וְהַשֵּׁפֶל.
רְאֵה בְּאֵיזוֹ זְהִירוּת הַלַּיְלָה נוֹגֵעַ בַּיָּם
בְּאֵיזוֹ עֶדְנָה נִפְרֶדֶת הַקֶּרֶן הָאַחֲרוֹנָה
כַּמָּה אַהֲבָה מוּכָנָה לָתֵת שִׁקְמָה זְקֵנָה
לְרוּחַ, לְיוֹנָה.
עוֹד מְעַט נָנוּחַ
וְיִשְׁתֹּק הַיָּם מֵעָלֵינוּ
שִׂיחֵי הַקִּיקָיוֹן יִפָּתְחוּ הַלַּיְלָה
יִהְיֶה רוּחַ־קָדִים
סִפּוּר שֶׁחוֹזֵר עַל עַצְמוֹ אֵינוֹ מַפְחִיד
רַק מַרְדִּים
אֶת הַחוֹלִים הָאֲנוֹשִׁים כָּל כָּךְ קַל לְנַחֵם;
אֲפִלּוּ בַּחֲצִי־אֱמֶת אֲפִלּוּ בְּפָחוֹת.
אָחוֹת בְּחָלוּק לָבָן, בּוֹאִי אֶצְלָם, אָחוֹת.
לְפִי יֵשׁ הַשְׁפָּעָה מַרְגִּיעָה עַל הַפַּחַד
הַשֶּׁקֶט שֶׁלָּךְ חָזָק מִכְּאֵב
כָּל כָּךְ קַל לְרַמּוֹת אֶת הַלֵּב
בּוֹאִי, אָחוֹת.

BY THE HOSPITAL IN ASHKELON

Stately sycamores,

these dunes are hourglasses of Mediterranean sands,

they direct the path of the winds.

They attest

to the height of the tide's ebb and flow.

See how carefully night touches the sea

how tenderly the last ray takes its leave

just how much love an old sycamore is willing to give

to the wind, to the dove.

Before long we will rest

and above us the sea will be still

Jonah's castor-oil bushes will unfold tonight

the wind will blow from the east

a story retold again and again does not frighten

    it lulls to sleep

the mortally ill are consoled with such ease;

a half-truth or even a quarter.

A white-robed nurse, come near to them, sister.

Beauty has a calming effect on fear

your quiet is stronger than pain

the heart is soon tricked again

come, sister.

זִכָּרוֹן מֵהַמִּלְחָמָה

בַּלַּיְלָה הַיָּם הָמָה. כָּרִינוּ אֹזֶן אֶל הָאֲדָמָה,
אוּלַי הָאוֹיֵב עָלָה בִּסְפִינוֹתָיו, אוּלַי הוּא שָׁב
טְרוֹיָה הָיְתָה אַגָּדָה עֲקֻבָּה מִדָּם וְכָל אָב
רָצָה לִרְאוֹת בְּעֵינָיו אֶת הַיֶּלֶד הַחַי וְחָשַׁב:
הָאוֹיֵב בָּרַח. נוּכַל לִישֹׁן הַלַּיְלָה עַל הַחוֹל הָרַךְ, לְהִתְעוֹרֵר לְאַט,
לָזוּז כְּמוֹ צְדָפִים הֲפוּכִים, בְּלִי פְּקֻדָּה, בְּלִי רִמּוֹנִים דְּרוּכִים
לָלֶכֶת יְחֵפִים עַל שְׂפַת הַמִּפְרָץ הַצָּלוּל, לְגַלּוֹת קוֹנְכִית
כְּחֻלָּה, לִכְתֹּב שֶׁאָנוּ בָּאִים בְּקָרוֹב.
אֲבָל הָאוֹיֵב יָדַע. טְרוֹיָה לֹא הָיְתָה אַגָּדָה. הָיָה
מִי שֶׁשָּׁב וְהָיָה מִי שֶׁנִּשְׁאַר לִשְׁכַּב וּפָנָיו לַיָּם.

A MEMORY OF THE WAR

At night the sea hummed. We placed an ear to the ground;

Perhaps the foe had boarded his ships, perhaps he'd turned around;

Troy was a bloodstained legend and every father sought

Only to see before him his living son and thought:

The foe has fled. Tonight we can sleep on the soft sand, and slowly
    wake,

And move like upturned shells, with no commands, no cocked
    grenades,

And walk barefooted on the shores of the clear bay, wade

In shallows, find a blue conch, write we're coming soon.

But the foe knew. Troy was not a legend. Some

Returned and some remained to lie there facing sea and sun.

Trans. Richard Flantz

חוֹפִים הֵם לִפְעָמִים

חוֹפִים הֵם לִפְעָמִים גַּעְגּוּעִים לְנַחַל שֶׁאָהַב.
יֵשׁ בַּמְּקוֹמוֹת שֶׁלָּנוּ נַחֲלֵי אַכְזָב;
רָאִיתִי פַּעַם חוֹף
שֶׁעָזְבוּ הַנַּחַל וּשְׁכָחוֹ
וְהוּא נִשְׁאַר עִם לֵב שָׁבוּר שֶׁל אֲבָנִים וְחוֹל.
גַּם הָאָדָם יָכוֹל
שֶׁיִּשָּׁאֵר נָטוּשׁ וּבְלִי כּוֹחוֹת
כְּמוֹ הַחוֹף.

אַף הַצְּדָפִים
כְּמוֹ שְׁחָפִים אוֹ כַּחוֹפִים,
גַּם הַצְּדָפִים הֵם לִפְעָמִים גַּעְגּוּעִים
לַבַּיִת שֶׁהָיָה,
וְרַק הַיָּם
שָׁר שָׁמָּה אֶת שִׁירָיו.

כָּךְ בֵּין צִדְפֵי לִבּוֹ שֶׁל הָאָדָם שָׁרִים לוֹ נְעוּרָיו.

SHORES ARE SOMETIMES

Shores are sometimes longings for a stream that used to love.

In these parts streams forsake us and dry up;

Once I saw a shore

deserted by its stream and forgotten

left with a broken heart of stones and sand.

So may a man

be left abandoned spent and worn

just like the shore.

Even sea shells

just like sea gulls or like the shores,

sea shells too are sometimes longings

for a home that used to be.

There the sea

alone its songs does sing.

Thus among the heart shells of a man his youth to him will sing.

שְׁנֵי אַלּוֹנִים

לזכר אמנון,
חבר של ליאור

פַּעַם עַל גְּדוֹת הַוָּאדִי
שְׁנֵי אַלּוֹנִים בַּסֶּלַע
שְׁנֵי אַלּוֹנִים יָדַעְתִּי
שָׁם בְּמוֹרָד הַוָּאדִי.

אֶת הָאֶחָד הָרַעַם
פַּעַם הִכָּה צַמֶּרֶת
גֶּזַע אָחִיו קָרוּעַ
בָּאוּ בּוֹ אֵשׁ וְרוּחַ.

קַיִץ שָׁלַח שָׁנַיִם
מֵי־הַגְּשָׁמִים הוֹלְכִים הֵם
עוֹד הֵם עוֹמְדִים הַשְּׁנַיִם,
שְׁנֵי אַלּוֹנִים אַחִים הֵם.

תַּם הַסִּפּוּר אֵינֶנּוּ.
מִי כָּאַלּוֹן יִתְּנֶנּוּ.
שְׁנֵי אַלּוֹנִים יָדַעְתִּי
שָׁם בְּמוֹרָד הַוָּאדִי.

TWO OAKS

In memory of Amnon,
Lior's friend

Once by the banks of a wadi
two oaks stood on the rocks there
two oaks how well I knew them
there on the slope of the wadi.

One tree was struck by thunder
branches blown all asunder.
Then through the trunk of its brother
tore brutal winds and fire.

Fiery fangs of summer
dried the rain from Earth Mother.
Still the two oaks stand steadfast,
always two oak tree brothers.

An end has come to our story.
Wish he'd been like an oak tree.
Two oaks how well I knew them
there on the slope of the wadi.

with Gidi Koren

הָיָה לָנוּ הַכֹּל

הָיָה לָנוּ הַכֹּל; מִדְבָּרִיּוֹת
אֶרֶץ לֹא זְרוּעָה וְשׂוֹרֶפֶת
אֲבָל לֹא יִשָּׁכַח
אֵיךְ בֵּין סַלְעֵי־הֶעָרוּץ נִדְהֲמָה
כַּלָּנִית אֲדֻמָּה
וְאֵזוֹב רַךְ אֵיךְ נֶאֱחַז
בִּסְבַךְ הַלְּחוּת הַקְּרִירָה
שֶׁאָגְרָה בִּשְׁבִילוֹ אֶבֶן בּוֹכָה
בְּחֶשְׁכַת הַמְּעָרָה
וּמִלְחֵי־הָאֲשָׁלִים וְהָאֵד שֶׁעָלָה
מִכִּבְשְׁנֵי־סְדוֹם וַעֲמוֹרָה.
יִשְׁמֹר הָאֵל אֶת הַמְּקוֹמוֹת וְהַשֵּׁמוֹת
וְאֶת מְעַט הַכֹּחַ שֶׁיִּשָּׁמֵר
לִגְמֹר אֶת הַמַּפָּה בְּתוֹךְ הָאוֹר
וּמִי שֶׁבְּאַחֲרִית הַיָּמִים יְגַלֶּה מֵעֵינֵינוּ עָפָר
יוּכַל לוֹמַר: הָיוּ לָהֶם מִדְבָּרִיּוֹת
וְחַבְלֵי־אֶרֶץ
הָיְתָה לָהֶם כַּלָּנִית בּוֹעֶרֶת
מַיִם מַפּוֹת לֶחֶם
וְדֶרֶךְ אֲרֻכָּה לָלֶכֶת, הָיָה לָהֶם
הַכֹּל, אֲבָל הַזְּמַן
בִּכְלֵיהֶם פִּתְאוֹם אָזַל.

WE HAD IT ALL

We had it all: wilderness
a land unsown and burning
but it will not be forgotten
how among the channel rocks
a red anemone was stunned
and how the soft moss was caught
in the thicket of cool moisture
gathered for it by a weeping stone
in the darkness of the cave
and the tamarisk salts and the steam that rose
from the furnaces of Sodom and Gomorra.
May God preserve the places and the names
May He some meager strength reserve
to complete the map within the light
and whoever at the End of Days removes the dust from our eyes
may then say: They had wilderness
and tracts of land
They had a fiery anemone
water maps bread
and a long road to tread, they had
it all, but the time
in their vessels suddenly ran out.

דֶּרֶךְ כָּל בָּשָׂר

הֶעָפָר הַקַּדְמוֹנִי הַזֶּה. גַּלִּים שׁוֹטְפִים בִּיעָרוֹת־הָאֶרֶץ רַעַשׁ מֶרְחָק
צוֹעֵק לְךָ כְּמוֹ שָׂדוֹת בּוֹרְחִים בַּחֲשֵׁכָה.
הַוָּאדִיּוֹת הַדְּרוֹמִיִּים, שְׁמוֹת יְדִידִים שֶׁנִּשְׁאֲרוּ בָּאֶבֶן, הָרוּחוֹת
שֶׁמָּחֲקוּ עָרִים שְׁלֵמוֹת וְגָרְרוּ עַל שְׁמָן סְלָעִים וְחוֹל.
סִפּוּרִים בִּלְתִּי־גְמוּרִים שֶׁל אַהֲבָה שֶׁנֶּעֶזְבָה
בַּחֲנָיוֹת הַחֲטוּפוֹת בֵּין הַזּוּעֵירָה וְהַגֵּיר הַמִּתְפּוֹרֵר שֶׁל הַחַוָּר.
דְּבָרִים הַרְבֵּה אָבְדוּ לָנוּ בְּלִי־דַעַת כְּעוֹפוֹת בִּסְעָרָה עַד שֶׁבַּסּוֹף
הִרְגִּיעוּ וְאָסְפוּ כְּנָפַיִם דֶּרֶךְ־כָּל־בָּשָׂר, בַּגֶּשֶׁם הַשּׁוֹטֵף בָּאֲלַכְסוֹן
בַּיְעָרוֹת, בִּמְעָרוֹת הַדּוֹמִיָּה
בְּדֶרֶךְ הֶעָפָר הַקַּדְמוֹנִי, בָּאֲבָנִים, בַּיָּם.

THE WAY OF ALL FLESH

This primeval dust. Waves pour through the pine forests a distant noise
Screams to you like fields fleeing in the dark.
These southern wadis, names of friends retained in stone, the winds
Which razed entire cities and buried their names under rocks and sand.
Unfinished stories of love that was left behind
In hasty bivouacs between the Zoueira and the crumbling chalks of
marl.

Many things were lost to us unknowing like birds in storm until they
finally
Calmed and closed their wings the way of all flesh in the rain that pours
obliquely

In the forests, in the caves of stillness
in the way of primeval dust in the stones, the sea.

Trans. Richard Flantz

גִּשְׁמֵי חֶשְׁוָן

וְהַחֹרֶף שׁוּב מִתְקָרֵב. מַה יִּהְיֶה אִתְּךָ
הֲתוּכַל לַעֲבֹר אֶת הַכְּבִישִׁים הָרְטֻבִּים
אֶת לֵילוֹת הַקֹּר? הַסַּגְרִיר הַזֶּה בַּנְּשָׁמָה
לִפְעָמִים יוֹתֵר כָּבֵד מִזָּהָב וְהָאֲדָמָה
נוֹשֶׁמֶת עַגְמָה מִיּוֹם שֶׁאָסְפָה אֵלֶיהָ
מַה שֶּׁאֲנִי פּוֹחֵד לִקְרֹא בִּשְׁמוֹ אֲבָל
אַתֶּם יוֹדְעִים וְגִשְׁמֵי־חֶשְׁוָן שֶׁיּוֹרְדִים
בְּאֵין מַעֲצוֹר. אֵיךְ הָיִיתִי חָרֵד לַיֶּלֶד
שֶׁלֹּא יֵרָטֵב וּרְאוּ מַה קּוֹרֶה הַשָּׁנָה
לִיְלָדִים אֵלֶּה וְלָזֶה הַלֵּב
שֶׁפִּתְאוֹם כָּכָה נִכְנַע.

NOVEMBER RAINS

And winter is near again. How will you manage?
Can you cross the wet boulevards and pass
the cold nights? This mist in my soul
sometimes more heavy than gold and the earth
breathing sorrow from the day it gathered
what I fear to call by name but
you know and the November rains pouring down
without end. How I worried about the child, about
his not getting wet and look what is happening this year
to these hands and to this the heart
which so suddenly gave way.

Trans. Mel Rosenberg

בְּסוֹף הַדֶּרֶךְ

בְּכָל מָקוֹם
יֵשׁ תְּהוֹם לָאַמִּיצִים
וְצֵל לָעֲיֵפִים
וּמַעְיָן שֶׁקְּרִירוּתוֹ נִגֶּרֶת.

בְּכָל שַׁחֲרִית
יֵשׁ טַל לָרוֹעֲדִים
וְאוֹר לָאוֹהֲבִים
וַאֲבָנִים קָרוֹת וְעֵשֶׂב פֶּרֶא.

בְּכָל עַרְבִית
יֵשׁ קֵץ לַסוֹעֲרִים
וְעֵץ לָעֲרִירִים
וְסֶלַע לַשּׁוֹכְבִים בְּסוֹף הַדֶּרֶךְ.

BEYOND THE PASS

In every place
There's a chasm for the courageous
And shade for the weary
      And a spring whose coolness flows.

In every dawn
There is dew for all the tremulous
And light for those who love
      And cold stones amid wild grass.

In every dusk
There's an end for the tempestuous
A tree for the alone
      And a rock for those who rest beyond the pass.

Trans. Richard Flantz

עַד כָּאן

טִיסַת לַיְלָה שֶׁל אֶגְזִיפֶּרִי, סִפְּרוֹ הָאַחֲרוֹן
נִסְגַּר בַּדַּף הָעֶשְׂרִים וְאֶחָד לְחַיָּיו;
הִשְׁאַרְתִּי לְךָ סִימָן שֶׁהִגַּעְתִּי עַד כָּאן:
"רַק גַּל מוּזִיקָלִי מְקַשֵּׁר אֶת פַּבִּיאָן
עִם הָעוֹלָם. שׁוּם גְּנִיחָה. שׁוּם צְעָקָה
אַךְ הַצְּלִיל הַזֶּךְ בְּיוֹתֵר שֶׁהֵפִיק אֵי־פַּעַם הַיֵּאוּשׁ"
בֶּאֱמֶת שֶׁלֹּא הָיָה לִי פְּנַאי לְאַהֲבָה. אַתָּה זוֹכֵר
שֶׁאֶת הַשָּׁנִים הָאַחֲרוֹנוֹת עָשִׂיתִי בְּאָבָק
וּבֵין הָאֲבָנִים הָיִיתִי פּוֹגֵשׁ לִפְעָמִים
פֶּרַח בָּר וְנוֹגֵעַ בּוֹ כְּמוֹ שֶׁנּוֹגְעִים
בְּיַלְדָּה יְשֵׁנָה בֵּין אוֹר וְצֵל
אֱלֹהִים יוֹדֵעַ כַּמָּה רָצִיתִי
כַּמָּה הָיִיתִי רוֹצָה.

THIS FAR

Night Flight by Exupery, his last book
was shut on the twenty-first page of his life.
I left you a mark that I got this far:
"Only a musical wave connects Fabian
with the world. Not a groan. Not a shout
but the very purest tone ever produced by despair"
I never really did have time for love. Do you recall
that I spent my last few years in the dust
and between the rocks I'd sometimes meet
a wild flower and touch it like you'd touch
a sleeping girl between shade and light
God only knows how much I wanted
How much I would have liked.

*

הִשְׁאַרְתִּי לָךְ תְּמוּנָה אַחַת
אַל תְּפָרְשִׁי אוֹתָהּ שֶׁלֹּא כַּהֲלָכָה
אֵין שָׁם זֵכֶר לְתַפּוּחִים אוֹ נָחָשׁ
הַגַּן הַהוּא תָּמִים כַּבְּכִי
הַגֶּבֶר הַזֶּה עוֹד לֹא יָדַע אִשָּׁה.
הִשְׁאַרְתִּי לָךְ תְּמוּנָה
שֶׁבָּהּ רוֹאִים אוֹתוֹ
עוֹשֶׂה סִימַן שְׁאֵלָה
מַכְאִיב
וְנֶעְלָם.

*

I left you one photo

do not misunderstand

there is no hint of apples or a snake

that garden is as pure as tears

this man has not a woman known.

I left you a photo

in which you see him

posing a painful question

      and disappearing

Trans. Mel Rosenberg

34

חֲבֵרִים

לספי שאומן, חבר של ליאור
שנפל במלחמת לבנון

"...בַּמָּקוֹם שֶׁהָיָה פַּעַם אַרְצֵנוּ
שׁוֹקְעִים הָאִיִּים, חֶלְדָּה וְאֵפֶר..."
סְפֵּרִיס

טֶרֶף טֹרַף יוֹסֵף חַיָּה רָעָה אֲכָלָתְהוּ
וּמָה עִם הַחֲלוֹמוֹת וְאַיֶּלֶת שֶׁלּוֹ וְאוֹפִיר
טֹרַף טֶרֶף וְאֵינֶנּוּ כִּי לָקַח גַּם אוֹתוֹ
הָאֱלוֹהִים וְהִשְׁאִיר טֶנְק שָׂרוּף עִם
תְּפִלִּין קְרוּעוֹת בַּצְּרִיחַ.

אִם יֵשׁ מָקוֹם שֶׁבּוֹ נִפְגָּשִׁים חֲבֵרִים
אַחֲרֵי הַקְּרָב חִפֵּשׂ אַחֲרָיו וְלֵיפָה
שֶׁלָּנוּ תֹאמַר; אָחִי. אָחִי, תֵּשַׁע שָׁנִים
אַחֲרֶיךָ בַּדְּרָכִים, עוֹטֶה שִׁרְיוֹן, נוֹשֵׁם
אָבָק וְאַהֲבָה. עַכְשָׁו אֲנִי בָּא לָשִׂים
רֹאשׁ עָיֵף עַל אוֹתָהּ כָּתֵף "כֻּלָּנוּ
הָיִינוּ נִשְׁעָנִים עָלָיו" הָיִיתָ נוֹהֵג
לוֹמַר אַחֲרֵי הַמִּלְחָמָה. אָז אִם יֶשְׁנוֹ
כָּזֶה מָקוֹם, סַפֵּר לוֹ שֶׁאֶצְלֵנוּ יוֹם
יוֹם מְחַכִּים. בַּמָּקוֹם שֶׁהָיָה פַּעַם
אַרְצֵנוּ שׁוֹקְעִים הָאִיִּים. חֶלְדָּה
וְאֵפֶר וְהַכּוֹחוֹת הוֹלְכִים
וְכָלִים וּלְיַד הַמְּקוֹמוֹת

FRIENDS

> To Lior's friend Seffi Schaumann,
> who fell in the Lebanon War

> "...In the place where our land was
> The islands are sinking, rust and ashes..."
> Seferis

Torn, torn is Joseph! an evil beast hath devoured him

and what of the dreams and his Ayelet and Ophir

Torn, torn and he is gone for God has taken

him too and left a charred tank with

shredded tefillin in its turret.

If there should be a place where friends meet

after battle seek him out and to our

pretty one say: Brother. My brother, for nine years

after you on the road, armor clad, I've been breathing

dust and love. Now I come to lay

a weary head on that same shoulder "We all

leaned on him" you used to

say after the war. So if there is

such a place, tell him that day after day

we are waiting. In the place where our land

once was the islands are sinking. Rust

and ashes and our strength is

waning and by the places where

שֶׁעָבַר שׁוֹאֲלִים אֶת
נַפְשֵׁנוּ לָמוּת
וְהַזְּמַן כְּמוֹ
טַנְק
דּוֹרֵס וְדוֹרֵס.

he passed we wish in ourselves to die
and Time like
a tank
crushes and crushes.

גַּל אַחֲרוֹן

גַּל אַחֲרוֹן שֶׁל חֹשֶׁךְ
רַעַד רִאשׁוֹן שֶׁל אוֹר
פָּנָיו לוֹטִים שִׁכְחָה
וַאֲנִי בְּכָל כּוֹחִי נֶאֱחָז
בְּפֵרוּר זִכָּרוֹן
מְכַוֵּן אֶת הַלֵּב לַמָּקוֹם
שֶׁבּוֹ רְאִיתִיהוּ עוֹזֵב
בַּפַּעַם הָאַחֲרוֹנָה
הָעֶצֶב שֶׁהָיָה בְּעֵינָיו
מַפְנֶה אֵלַי אֶת גַּבּוֹ
עוֹלֶה עַל רִכְבּוֹ
עוֹזֵב אֶת הַבְּלָמִים
וְהַכְּלִמָּה שׁוֹבֶרֶת אוֹתִי
לְעוֹלָמִים.

LAST WAVE

Last wave of darkness
first tremor of light
his face clouded by time
and I with all my strength clutching
at memory's crumbs
directing my heart to the place
I saw him leave
for the last time
that sorrow in his eyes
turning his back on me
climbing into the car
releasing the brakes
and the shame breaking me
for eternity.

Trans. Mel Rosenberg

אִישׁ מַבִּיט בִּבְנוֹ

אִישׁ מַבִּיט בִּבְנוֹ
וְרוֹאֶה בְּעֵינָיו אֶת מָה שֶׁהָיָה
וּמָה שֶׁהִנּוֹ וּמָה שֶׁיִּהְיֶה כְּשֶׁהוּא
עַצְמוֹ כְּבָר אֵינוֹ
וְכָל הַמַּרְאֶה הַזֶּה אֵיךְ כָּבָה
כְּמוֹ בְּמַכַּת־רַעַם
וּמִי יָמֹד אֶת יְגוֹנוֹ
אִם הוּא כְּשֹׁרֶשׁ עֵץ
אוֹ הוּא כַּאֲמִירוֹ
וְהַזִּכָּרוֹן יְעִירוֹ אֶל חֶלְקַת־יַעַר
אֲשֶׁר הוּא וְהַנַּעַר חָצוּ
בִּסְבָכֵי־אָרְנֶיהָ
אוֹ אֶל אוֹתָהּ פְּאַת־שָׂדֶה שְׁכוּחָה
שֶׁהֵם הָיוּ אַחֲרוֹנֶיהָ
לְעֵת הֵאָסֵף הַמִּקְנֶה
בְּאֵסֹף הַשֶּׁמֶשׁ מִן הָאֲדָמָה
שְׁאֵרִית קַרְנֶיהָ
וְאֵין צוֹעֵק וְאֵין עוֹנֶה
חֲרִישִׁית תֵּאָסֵף חֶלְקַת־הַשָּׂדֶה
אֶל יְגוֹנֶיהָ
וְרַק אָב וּבְנוֹ הוֹלְכִים
שְׁנֵיהֶם יַחְדָּו

A MAN LOOKS AT HIS SON

A man looks at his son

and sees in his eye what he was

and what he is and what he will be when he

himself is no more

and all this sight how it went out

as if by a thunderbolt

and who will measure his anguish

if he is like a tree's root

or like its top

and memory will awake him to a patch of forest

which he and the boy crossed

through its pine tangles

or to that forgotten field-edge

where they were the last ones

at the time for gathering the cattle

while the sun gathered from the soil

the last of its rays

with none shouting and none answering

Silently the bit of field was gathered

To its anguishes

And only a father and a son walking

The two of them together

וְלֹא אֵשׁ וְלֹא עֵצִים
וְלֹא שֶׂה וְלֹא שׁוֹפָר
וְלֹא הָיְתָה עוֹד כָּאַהֲבָה הַהִיא
עַל עָפָר.

And not a fire and not wood

And not a lamb and not a ram's-horn

And not ever had there been a love such as this

Upon dust.

חַכֵּה לִי, אַבָּא

כְּאִלּוּ שָׁמַעְתִּי אוֹתוֹ אוֹמֵר:
חַכֵּה לִי, אַבָּא, שְׁלֹשֶׁת יָמִים
אֵלְכָה אֶל אַחַד הֶהָרִים
וְאֶשְׁתַּחֲוֶה וְאָשׁוּבָה.
אָבִיא כָּל מָה שֶׁאוּכַל לֶאֱגֹר
אַחַר כָּךְ אֶחֱזֹר.
פַּעֲנֵחַ אוֹתִי בָּאוֹר
דַּע שֶׁרָצִיתִי בִּלְעָדֶיךָ לַעֲלוֹת
בְּמַעֲלֵה הָהָר. לָשׁוּב אֵלֶיךָ
גֶּבֶר מוּכָן.
וּמָה שֶׁקָּרָה אַתָּה יוֹדֵעַ
שֶׁהָיָה מְאֻחָר.
קַבֵּל אוֹתִי אַבָּא לֹא גָּמוּר
אַמֵּץ אוֹתִי מְאֹד לַלֵּב
אַל תִּתְבַּיֵּשׁ לִבְכּוֹת
לְמַד לַחֲכּוֹת.
שָׁמַעְתִּי אוֹתוֹ אוֹמֵר
רַק שְׁלֹשֶׁת יָמִים
אֵלְכָה לִי אֶל אֶרֶץ הַמּוֹרִיָּה
אֶל אַחַד הֶהָרִים הָרָמִים
אֶל אַחַד
הֶהָרִים

WAIT FOR ME DAD

It's as if I heard him say
Wait for me Dad, for three days
I will go to one of the mountains
 and I'll bow down in worship and come back.
I'll bring everything I can gather
I'll be back later.
Decipher me in the light
Know that I wanted to go up there without you
upon the mountain. To return to you
 a completed man.
And what happened, you know
 that it was late.
Receive me, Dad, unfinished
Press me firmly to your heart
Don't be ashamed to weep
Learn to wait.
I heard him say
For just three days
I will get me to the land of Moriah
go to one of the lofty mountains
go to one of the
mountains

אֵל אֶחָד
אֵל
וְאֶשְׁתַּחֲוֶה
וְאָשׁוּבָה.

go to one

god

and I'll bow down in worship

and come back.

כְּשֶׁסְּפִינוֹת הוֹלְכוֹת הַיָּמָּה

בְּשׁוּלֵי מִפְרָשׂ רוֹעֶדֶת קֶרֶן־שֶׁמֶשׁ עֲגוּמָה.
עַל חוֹפִים אַדְווֹת־הַלַּיְלָה מְפַכּוֹת בְּקוֹל־דְּמָמָה.
בִּנְגִינָה אַחַת נִשְׁכַּחַת מִתְיַפֵּחַ לוֹ מַלָּח:
"עִם הָרוּחַ הַצּוֹלַחַת, לַדָּרוֹם נַפְלִיגָה, אָח!
לַדָּרוֹם נַפְלִיגָה, אֶחָא,
אֶל אִיֵּי הָאַלְמֻגִּים,
עוֹד מָחָר, בְּמוֹת הַלַּיְלָה, עִם סִיעָה שֶׁל דַּיָּגִים..."

נִכְאִים בְּבוֹא הַשֶּׁמֶשׁ. דְּכִי גַּלִּים, קִינַת אָדָם.
רוּחַ־עֶרֶב לַח נוֹגֵעַ בְּמֵיתְרֵי מִפְרָשׂ נִרְדָּם.
יְהוּדִים בְּאֵין מוֹלֶדֶת. כְּבָר בָּכוּ הַרְבֵּה נוֹפִים,
דּוֹמְמָה סְפִינָה חוֹזֶרֶת בַּגַּלִּים הָעֲיֵפִים.
לְבָבוֹת בּוֹכִים עִם עֶרֶב,
אֲרֻבּוֹת־עָשָׁן כָּבוֹת.
כְּשֶׁסְּפִינוֹת הוֹלְכוֹת הַיָּמָּה הֵן אֵינָן שָׁבוֹת...

WHEN SHIPS PUT OUT TO SEA

Trembling on the mainsail's edges is a gloomy ray of light.
On the beaches splash in silence tiny ripples of the night.
To a tune that's near forgotten rises up a sailor's whine:
"On the fairest wind we're sailing to the South, O brother mine!
To the South we'll sail, my brother,
For the coral islands then,
On the morrow, at night's passing, with a band of fishermen..."

With the sun come grief and sadness. Grinding surf, a mourner's wail.
Dampest winds of evening stroke the strings that hold a sleeping sail.
These are Jews without a homeland. Many landscapes they lament,
Now their pallid ship lies lifeless in the waves whose strength is spent.
There are tearful hearts come evening,
Idle smokestacks cold and black.
When sailing ships put out to sea they're never going back...

הַיְקוּם הַגָּדוֹל הַזֶּה

הַסַּבְיוֹנִים אֲמוּרִים לְהָשִׁיב אֶת הָאָבִיב
הַבּוּגֶנְוִילֵאָה אֶת הַקַּיִץ
הָרֹתֶם אֶת הַחֹרֶף
גַּם הֶחָצָב זוֹכֵר אֶת מוֹעֲדָיו בְּשׁוּלֵי הַסְּתָו
וְרַק הַפֶּרַח שֶׁלּוֹ, מִי יָשִׁיב אֶת רֵיחוֹ
כַּמָּה שׁוֹמֵם וּמַכְאִיב הַיְקוּם
הַגָּדוֹל הַזֶּה
בִּלְעָדָיו.

THIS BIG UNIVERSE

The dandelions are meant to bring back the spring

the bougainvillea foreshadows the summer

the retama augurs the winter

even the foliage remembers its time with the autumn rhyme

and only his flower—who will return its scent

how very desolate and painful this

big universe is

without him.

Trans. Nili Carmel-Yonatan

הָאִישׁ הַהוּא

לְמַרְגְּלוֹת הָהָר נוֹלַד
לְיַד הַנַּחַל.
בַּחֹרֶף שָׁר בֵּין עֲרָבוֹת בּוֹכִיּוֹת
בַּקַּיִץ בֵּין אוֹרוֹת בִּצְעֵי הַמַּיִם
לַחְמוֹ שִׁלַּח עַל פְּנֵי הַנַּחַל לַדָּגָה
מִקְנֵי הַסּוּף כָּרַת לוֹ עֲפִיפוֹן
וּכְשֶׁהָיָה לְאִישׁ
מִגִּבְעוֹלֵי הָעֲרָבוֹת הַבּוֹכִיּוֹת נָטָה סֻכָּה
מֵאֶבֶן הַמִּבְצָר הָאֲפֹרָה בָּנָה לוֹ בַּיִת
עַל מֵי הַנַּחַל טַחֲנָה הֵקִים
זָרַע שָׂדוֹת
שִׁלַּח אוֹנוֹ עַל פְּנֵי הַיָּם בָּאֳנִיּוֹת־סוֹחֵר
אַךְ יֵשׁ אֲשֶׁר יַנִּיחַ כְּלֵי מְלַאכְתּוֹ
וְיִהְיֶה פִּתְאוֹם לְאִישׁ אַחֵר
יְדַד פְּזוּר־נֶפֶשׁ עַל הָהָר אוֹ בַּבְּכָאִים
וּבְנָפְלוֹ בַּבֹּקֶר לֹא עָבוֹת אֶחָד עַל אַדְמָתוֹ
יִקְנוּ לוֹ אֲחֻזַּת עוֹלָם
לְיַד אַמּוֹת הַמַּיִם הַשְּׁקֵטוֹת.
אֵיפֹה יֶשְׁנָם עוֹד אֲנָשִׁים כְּמוֹ הָאִישׁ הַהוּא
אֲשֶׁר הָיָה כָּעֲרָבוֹת הַבּוֹכִיּוֹת
וּכְמוֹ מִבְצָר עַתִּיק הָיָה בְּסוֹף הַדֶּרֶךְ.

THAT MAN

In the foothills he was born
Down by the stream.
In the winter he sang among the weeping willow trees
In the summer midst the brightness of the marsh ponds
He cast his bread upon the stream to little fishes
He cut rushes to fashion him a kite
And when he grew to be a man
From weeping willow stalks he thatched a hut
From the gray battlement stone built him a house
Erected a mill on the stream
Planted fields
Launched his strength to sea in merchant ships
Yet there were times he'd put his tools aside
 and all at once become a different man
 wandering distracted over mountain or mulberry vale
And when he'd fall one morning without clouds there upon his land
Eternity they'd purchase him
Nearby the aqueducts' serenity.
Where are men still to be found like that man
Who was like the weeping willow trees
And like an ancient fortress he was at journey's end.

POEMS
WITH
LOVE

שְׁנֵי קוֹלוֹת אַהֲבָה

דֶּרֶךְ הַגֶּבֶר בָּאִשָּׁה שֶׁהוּא כּוֹבְשָׁהּ בִּיגוֹן דָּמוֹ וְחֶשְׁכַת שִׁירָיו
וּבְמֶלַח שְׂפָתָיו הַצְּמֵאוֹת לְעַצֶּבֶת בְּשָׂרָהּ
וּמוֹצֵא אוֹתָהּ לַיְלָה מַר מָמוֹת
וּבִמְאֵרַת שָׁדֶיהָ הַקָּמִים
יִמְתְּקוּ לוֹ, מַר יִמְתְּקוּ לוֹ רִגְבֵי עֲפָרָיו

שְׂדֵה־בַּעַל הוּא וְהִיא עוֹנוֹת חַיָּיו
וַחֲלִיפוֹת אֲשֶׁרוֹ הַמְעֻנָּן
סוּפוֹת חֲשֵׁקֶיהָ —
רַעֲמוֹת הַקֶּצֶף שֶׁל מִשְׁבְּרֵי אַהֲבָתָהּ הַחָרְפִּית
הָאָבִיב הַמַּכְאִיב שֶׁל יָפְיָהּ הַבּוֹרֵחַ
אֶשְׁכּוֹלוֹת־זְהַב־הַקַּיִץ שֶׁל דְּבוֹרֶיהָ
עֻקְצָן וְדִבְשָׁן;
עֲטַלֵּפֵי חוּשַׁיָּה הַמְטֹרָפִים
דְּלֵקַת הַיֵּינוֹת הַסְּתָוִית שֶׁל אַחֲרוֹנֵי קְסָמֶיהָ
אַהֲבָה סוֹפִית

עַד שֶׁיִּמְצָא אוֹתָם יָם שֶׁל בֹּקֶר עָבוֹת
מוּטָלִים עַל חוֹפוֹ
צֶדֶף סָגוּר וְצִדְפָּה פְּתוּחָה
וְהוּא כַּיָּם
וְהוּא כַּיָּם בָּא אֶל תּוֹכָהּ.

TWO VOICES OF LOVE

The way of a man with a woman is for him to take her with
                    his blood's grief and his poems' darkness
And his lips' salt thirsty for the sorrow of her flesh
And find her a night more bitter than death
And in the curse of her rising breasts
Sweet to him, bitterly will the clods of his earth
                        be sweet to him.

He is a field watered by rain and she the seasons of his life,
And the shifts of his cloudy happiness
Are the storms of her desires—
The foamy manes on the billows of her winter love
The painful spring of her beauty that flees
The gold summer clusters of her bees
Their sting and honey;
The preying bats of her senses
The autumn-kindled wine of her ultimate charm
A finite love

Till they be found by the Sea one cloudy morn
Cast upon his shore
Closed pearl and open oyster
And being the sea
Being the sea he comes into her.

Trans. Reuven Ben-Yosef

אוּלַי גַּם אַתְּ יְכוֹלָה

נְגִיעַת חוֹף הַמַּכְאוֹב שֶׁלָּךְ בְּיָמַי
הִתְפַּחֲמוּת אִטִּית שֶׁל כְּמִיהָה יַהֲלוֹמִית
אֵפֶר־יָחֵף יָפוּג הָאֶשֶׁר בַּחוֹלוֹת
בֵּין לְחִישׁוֹת נְאוּף לְבֵין הַבְּהוֹב חֲבַצָּלוֹת
שֶׁל תֹּם. אֲנַחְנוּ, מָה?
פְּלָחֵי מָלוּחַ? שָׁרָשִׁים שֶׁל חֵטְא?
צֵל נוֹחֵת עַל אַרְצוֹת הַחַיִּים עַד קַו הַמַּעֲרָב
שֶׁאַחֲרָיו
רַק יַם הַשִּׁכְחָה בּוֹדֵד יָנוּחַ
עַד גְּבוּל הַזִּכָּרוֹן שֶׁלָּךְ, הַמַּאֲפִיר,
עַל עַפְעַפֵּי הַשַּׁחַר.
יֵשׁ אִי קָטָן מוּל וִיָה־מָארִיס, שַׁחֲפִיּוֹת, שָׁם נָחָה
אֵצֶל הַיָּם. שָׁם אַתְּ פּוֹרַחַת
בְּלִבָּן.
שֶׁלֹּא תָּעוּפִי לִי עַל סַף הָאַהֲבָה
שֶׁלֹּא תִּסְעִי לִפְנֵי אֲסִיף הָרְשָׁתוֹת
לִפְנֵי שֶׁיַּכְסִיף כָּלִיל הַלַּיְלָה
לִפְנֵי שֶׁהַיּוֹם יַקְצִיף.
רָאִית
אֵיךְ בְּקִפְרֵי הָאִי
מִפְתָּה אֶל תּוֹכָהּ אֶת הַיָּם
הַמְּעָרָה הַכְּחָלָה?
אוּלַי גַּם אַתְּ יְכוֹלָה.

MAYBE YOU CAN TOO

Your painshore touching my sea
The slow coaling of a diamond longing
Joy's barefoot cinders will cool in the sands
between adulterous hissings and lily flickers
of innocence. We are what?
saltbush fruits? roots of sin?
Shade falls on the Lands of Life up to that westernmost line
and beyond
only the Sea of Oblivion will rest
alone at the rim of your memory, gone ashgrey,
on the eyelids of morn
There's a tiny island across from Via Maris, the Terns, where
the sea aristocracy pauses. There you bloom
in white
Don't dare fly off and leave me at love's threshold
Don't dare go off before the nets are gathered in
Before the night completely phosphoresces
Before the day foams
Did you see
on the Isle of Capri
how the sea is tempted inside
by the grotto of blue?
Maybe you can too.

שִׁירִים לְאַתְּ

א.

הִנֵּה מָה שֶׁאַתְּ
יוֹנָה שֶׁשָּׁלַחְתִּי לִרְאוֹת
הֲקַלּוּ הַמַּיִם
וְאִם תַּם כָּל הַדּוֹר וְהַחֵטְא
הֲנוּכַל מֵחָדָשׁ לְשַׁחֵת?
יוֹנָתִי
שׁוּם דָּבָר לֹא מָצָאת בַּמִּדְבָּר
רַק עָלֶה?
לָמָּה אַתְּ שׁוֹתֶקֶת
לָמָּה אַתְּ מְמַלְּאָה פִּיךְ זַיִת
פָּתַחְתִּי לָךְ חַלּוֹן
רָאִיתִי בְּעוֹפֵךְ וּבְנֹאוּפֵךְ
אֲבָל הַלֵּב הִתְפַּלֵּל לְשׁוּבֵךְ
לְמִי יֵשׁ כֹּחַ לְהִשָּׁאֵר לְבַד
בְּהָרֵי אֲרָרָט.

POEMS TO "YOU"

A)

This is what you are

A dove I sent out to see

whether the waters had abated

and if the whole generation

and all the sin were gone

Could we corrupt again

my dove

Did you find nothing in the desert

but a leaf?

Why so silent

Why that olive branch stuffed in your beak

I opened a window for you

Beheld your flight and your adultery

But in my heart I prayed you'd be back

Who has the strength to remain alone

on Mount Ararat.

ב.

בּוֹאִי נִישַׁן

אֲנִי בְּשֶׁלִּי וְאַתְּ בְּשֶׁלָּךְ

וּמַלְאַךְ הַשִּׁכְחָה יְפַזֵּר

בֵּינִי לְבֵינֵךְ עֲרָפֶל לַח

כָּזֶה שֶׁבְּבָקְרֵי נוֹבֶמְבֶּר שָׁט בָּעֲמָקִים.

אַל תִּבְכִּי

שֶׁבָּאֵינְמַגָּע עָבְרָה הַשָּׁעָה הַנְּדִירָה

לִי אֵין פֵּרוּשׁ אֲבָל

גַּם אֵין כָּאן אִי הֲבָנָה.

אוּלַי קוּרֵי הַשָּׁנָה הָעֲנֻגִּים

יָפִיגוּ צַעַר חֲלוֹמוֹת אוּלַי

יַעֲלוּ אֲרוּכָה.

הַנִּיחִי לַכְּאֵב לְהִתְכַּסּוֹת לְבַד

בַּחֲשֵׁכָה

פָּשׁוּט אֵין מָה לַעֲשׂוֹת

וְכָל כָּךְ מְאֻחָר

עַכְשָׁו

אָז בּוֹאִי

נִישַׁן.

B)

Let's sleep

I'll go my way and you'll go yours

And may the angel of forgetting paint

a wet mist between us like

November morning fog drifting through the valleys

Don't weep

for the precious hour spent touchless

I can't explain it but then

there's no misunderstanding here

Perhaps the tender mesh of sleep will

ease sorrow dreams perhaps

will mend

Leave the pain to pull up its own coverlet

in the dark

There's simply nothing to be done

And it's so late

So come

now

Let's

    sleep.

64

אַקְצִיָה זְהֻבָּה

לְנִילִי

אַקְצִיָה זְהֻבָּה שֶׁלִּי, אֲנִי כְּבָר לֹא כָּל כָּךְ טוֹב
בַּלְתָּאֵר יָפִי אֲבָל גַּם אַתְּ כְּבָר לֹא מַה שֶּׁהָיִית
וְהַבֹּקֶר הַזֶּה בְּדֶרֶךְ הַיָּם לְאַשְׁדּוֹד שֶׁפַּכְתְּ
זָהֲבֵךְ כְּמוֹ אָז עַל חוֹלוֹת נְעוּרַיִךְ בְּשִׁגָּעוֹן
שֶׁל יֹפִי, כְּאִלּוּ לֹא הָיוּ שְׂרֵפוֹת וְשִׁטְפוֹנוֹת
וְכָל מִשְׁבָּרַיִךְ וְגַלַּיִךְ, מוּכָנָה לְהַפְקִיר הַכֹּל
בַּזָּהָב הַנִּגָּר עַל הַחוֹל. מִי יָכוֹל, לְמִי יֵשׁ כּוֹחַ
לַיֹּפִי הַזֶּה, שְׁמֹר אוֹתִי אֱלֹהִים. זֶה שָׁנִים
אֲנִי עָף מְטֹרָף בַּכְּבִישִׁים, מִתְחַיֵּב בְּנַפְשִׁי
בָּעֲרָפֶּיחַ בְּתוֹךְ הֶעָשָׁן אַתְּ תִּרְאִי אוֹתִי שָׁב
בִּפְנוֹת־יוֹם. מְאֻחָר, פְּרִיחָתִי, מְאֻחָר
הַדְלֵקָה עַל הַחוֹף דָּעֲכָה
עוֹד מְעַט גַּם אֲנִי וְגַם אַתְּ
עוֹד מְעַט וְנֵלֵךְ.
רַק יָפְיֵךְ.

GOLDEN ACACIA

to Nili

My Golden Acacia, I'm not so good anymore
at describing beauty but neither are you what you were
and on this morning on the Sea Road to Ashdod you poured
your gold out like then on the sands of your youth in a frenzy
of beauty, as though there hadn't been fires and floods
nor all of thy waves and thy billows, ready to give it all up
in the gold flowing onto the sand. Who can, who can stand
this beauty, Preserve me Oh God. For years
I've been frantically flying down roads and risking my life
in the smog and the smoke you will see me come back
at day's end. It is late, my blossom, late
The blaze on the shore has died down
Soon I and you too
Soon we'll have gone.
Your beauty alone.

מָה שֶׁחָלַם

מָה שֶׁכָּאַב לְאִישׁ הַגִּבֵּן יוֹתֵר מִגַּבּוֹ
זֶה אוֹתָם מַבְּטֵי הַחֶמְלָה שֶׁאָסַף בָּרְחוֹבוֹת

מָה שֶׁאָהַב הָאִישׁ הַגִּבֵּן שָׁנִים רַבּוֹת
זוֹהִי בַּת־הַשְּׁכֵנִים הַפְּעוּטָה שֶׁהָיְתָה בְּלִבּוֹ

וּמַה שֶׁהִכְאִיב לְאִישׁ הַגִּבֵּן מִכָּל הַכְּאֵבִים
זֶהוּ מָה שֶׁרָאָה יוֹם אֶחָד בְּעֵינֵי אָבִיו

וּמַה שֶׁחָשַׁב אָז הָאִישׁ הַגִּבֵּן בֵּין קִמְטֵי מוֹחוֹ
אִם תֵּלֵךְ כָּל יָמֶיךָ כָּפוּף לֹא תּוּכַל לִמְחֹק

וְעַל מָה שֶׁחָלַם הָאִישׁ הַגִּבֵּן כְּשֶׁנִּרְדַּם עַל הַחוֹל
הוּא שׁוֹכֵב עַל גַּבּוֹ הַיָּשָׁר וְרַגְלָיו מְתוּחוֹת

וְיַלְדַּת־הַשְּׁכֵנִים הַיָּפָה כְּבָר פּוֹחֶדֶת פָּחוֹת
וְהַיָּם מְלַחֵךְ אֶת בְּגָדָיו בִּשְׂפָתַיִם מְלוּחוֹת.

WHAT HE DREAMED

What really hurt the hunchback the most, much more than his back
were the pitying looks in the street that he'd always attract

What did he love, this hunchback, the most, for years in fact
just a small neighbor girl he'd hold in his heart when he saw her walk
past

And what truly pained the hunchback the worst and took him by
surprise
was the look that he saw one black day in his own father's eyes

And what he thought then, our hunchback, down deep where it would
last
if you stoop all your life you will never succeed getting past

Nor what he would dream, that hunchback, at night when he slept on
the sand
as he lay on his very straight back with his legs at full span

And the small neighbor girl knew less fear and her beauty unmasked
and the sea's salty lips lapped his clothing unbid and unasked.

קֹהֶלֶת מַבִּיט בַּשׁוּלַמִּית

קֹהֶלֶת מַבִּיט בַּשׁוּלַמִּית
לְעֵת יַיִן־שֶׁל־עֶרֶב
נַפְשׁוֹ יוֹצֵאת אֵלֶיהָ וְנִבְהֶלֶת
וְיָדוֹ הָעֲיֵפָה מוֹחֶקֶת
שׁוּרָה אַחַר שׁוּרָה מִתּוֹךְ
הַפֶּרֶק הָאַחֲרוֹן שֶׁלּוֹ, קֹהֶלֶת.
הוּא מַבִּיט וּמַבִּיט
נַפְשׁוֹ נִמְלֵאת חֲשֵׁכָה וָטַל
רְסִיסֵי לַיְלָה נוֹצְצִים
בְּעֵינֶיהָ שֶׁל הַשּׁוּלַמִּית
וְקֹהֶלֶת מַבִּיט.

KOHELET GAZES AT SHULAMIT

Kohelet gazes at his Shulamit
Over a glass of evening wine
His soul goes out to her and is alarmed
Line after line
His tired hand erases
From his own last chapter, "Kohelet"
He gazes and gazes
His soul fills up with dark and dew
Slivers of sparkling night
In Shulamit's eyes are ablaze
And Kohelet gazes.

בֹּקֶר אֶחָד בְּאִינְדִיאָנָה

רָאִיתִי תְּמוּנָה שְׁחוּמָה שֶׁעֲרָהּ נִפְרַשׂ בְּשַׁחֲרִית
חָרְפִּית שֶׁל יְעָרוֹת עֵירֻמִּים בְּגִבְעוֹת אִינְדִיאָנָה
זְרוֹעוֹתֶיהָ נְהָרוֹת תְּאוֹמִים חוֹבְקִים אֶת
גִּשְׁרֵי הַפְּלָדָה שֶׁל קוֹלוּמְבּוּס וְרַק
עֵינֶיהָ עֲצוּמוֹת עֲדַיִן תַּחַת שִׁלְגֵי הָעַד
שֶׁבְּהָרֵי הַסֶּלַע;
לִכְשֶׁיַּפְשִׁירוּ הַשְּׁלָגִים וְיִתְגַּלֶּה עֶדֶן הָאָבִיב הֶחָדָשׁ
יָבוֹא אֵיזֶה גֵּאוֹלוֹג צָעִיר וִיגַלֶּה מְקוֹמוֹת
שָׁם נִשְׁאֲרוּ עִקְּבוֹת מַגַּע־אֶצְבָּעוֹת בַּבָּשָׂר
הָרַךְ, נְשִׁימָה חַמָּה שֶׁקָּפְאָה בָּאֲוִיר הַצַּח
וְהוֹתִירָה גָּבִישׁ בְּשׁוּלֵי שְׂפָתֶיהָ
וַאֲפִלּוּ חִיּוּךְ, מָרִיר, אֲדָווֹת קַלּוֹת מִזָּוִית הַפֶּה
וָהָלְאָה, אֶל עֵבֶר הַלְּחָיַיִם וְהָלְאָה מֵהֶן
מָקוֹם שֶׁהָאוֹר מְשַׂחֵק בְּעַצְבוּת מַחֲבוֹאִים;
הָיָה בֹּקֶר צַח וְקַר וְאוֹר רִאשׁוֹן הִצִּית צַמְּרוֹת בָּאֵפֶר
זִכָּרוֹן שֶׁל עִירָם בּוֹדֵד. לְכַסּוֹת בְּעָלִים,
לְהוֹרִיד גֶּשֶׁם. לְשַׁטֵּף לַגַּיְא הָעָמֹק, לְחַכּוֹת
לְהֵד מִן הַגְּבָעוֹת הַצּוֹעֲקוֹת.

ONE MORNING IN INDIANA

I saw an umber picture her hair outspread on a

wintry daybreak of naked forests in the Indiana hills

her arms twin rivers embracing the

steel bridges of Columbus and only

her eyes still shut under the eternal snows on

the Rockies;

when the snows thaw to usher in the New Age of Spring

along will come some young geologist to discover the places

where fingertracks remain in the tender

flesh, a warm breath that froze in the clear air

and left an icecrystal on the rim of her lips

and even a smile, bittersweet, gentle ripples from the corner of

her mouth over her cheeks and beyond those

a place where the light plays hide-and-seek sadly;

it was a cold, clear morning and firstlight ignited the treetops with gray

recollection of a solitary nakedness. Cover with leaves,

bring down rain. Wash into the deep ravine, await

an echo from the shouting hills.

שִׁירִים בְּאַפְּרִיל

א) חַרְצִיּוֹת הַחוֹף

מָה עוֹד אֶפְשָׁר לְהַגִּיד עַל הַחַרְצִיּוֹת
הָאֵלֶּה לְאֹרֶךְ כְּבִישׁ הַחוֹף, שֶׁמְּסַמְּמוֹת
אֶת הַנְּשָׁמָה בְּשַׁלְהֲבוֹת־זְהָבָן, טוֹרְפוֹת
אֶת זִכְרוֹנוֹת הַיֶּלֶד שֶׁאָבַד בָּהֶן לִפְנֵי
שָׁנִים. רָצִיתִי לְסַפֵּר לְךָ עֲלֵיהֶן אֲבָל
מִי יָכוֹל לִמְצֹא אֶת הַמִּלָּה הַנְּכוֹנָה;
טֵרוּף אוֹ תְּאוּנָה אוֹ הִתְאַבְּדוּת בִּשְׂדוֹת־
הַזֹּהַר הָאַחֲרוֹן. מָכוּר לַשִּׁכָּרוֹן, פְּרָחִים
עוֹשִׂים לִי לִפְעָמִים לִבְכּוֹת מִיֹּפִי, אֲבָל
שׁוּם צַעַר בָּעוֹלָם לֹא הָיָה מֵפִיק יֵאוּשׁ
כָּזֶה שֶׁשָּׁטַף אוֹתִי יָפֶה וְאַכְזָרִי
בְּחַרְצִיּוֹת אַפְּרִיל.

POEMS IN APRIL

A) CHRYSANTHEMUMS

What more can be said about these chrysanthemums
along the coastal road, that drug the
soul with their goldflames, derange
the memories of the boy who was lost in them
years ago. I wanted to tell you about them but
who could find the right word;
madness or accident or suicide in fields
of splendor's-end. Addicted to intoxication, I am
sometimes brought to tears by the beauty of flowers, but
no sorrow in the world could have produced a despair
like that which bathed me beautiful and cruel
in April chrysanthemums.

ב) סַהֲרוּרִי

לֵילוֹת אַפְּרִיל חוֹנִים כְּבָר אֵצֶל חַלּוֹנִי. בָּךְ
אֲהוּבָה, אֲנִי זוֹכֵר, הַפַּחַד מְקַנֵּן מִפְּנֵי עוֹנַת־
הַקַּיִץ הַקְּרֵבָה, אֲבָל אֶצְלִי, רַק צִפִּיָּה שֶׁעוֹד
יָשׁוּב לָנוּ לֵיל הַחַמְסִין הַהוּא. הַחֹם הָיָה
נוֹרָא, פָּשׁוּט קָרַעְנוּ אֶת הַחַלּוֹנוֹת לָקַחַת
קְצָת אֲוִיר צוֹנֵן, פָּרַמְנוּ אֶת בְּגָדֵינוּ.
פִּתְאוֹם רָאִיתִי אֵיךְ שְׂאוֹר סַהֲרוּרִי פּוֹלֵשׁ
אֶל הַמִּטָּה, קוֹרֵן עָלַיִךְ וּבֵרֵךְ שֶׁאֵין כְּמוֹתוֹ
טִיֵּל עַל פְּנֵי־גוּפֵךְ, פִּסֵּל אֶת הַמִּתְאָר הַחַמְדָנִי
שֶׁל הַסַּנְטֵר וּשְׁאָר תָּוֵי־פָּנַיִךְ. בַּחֲשֵׁכָה צָוְחָה
צִפּוֹר לֵילִית בַּחֲצוֹתָהּ אֶת הָרָקִיעַ הַסָּהוּר.
אַתְּ לֹא דִבַּרְתְּ עַל חֲרָדָה. אֲנִי הוּא שֶׁרָאָה
אֵיךְ מִתְקַמֵּר גּוּפֵךְ מִפַּחַד וְעֶרְגָּה. אַחַר כָּךְ בָּא
הַטַּל, הַתַּרְדֵּמָה. הַקַּיִץ רַק הִתְחִיל. אֲבָל מֵאָז
בְּלֵילָה שֶׁל חַמְסִין, לָךְ וְתָבִין מָה יֵשׁ
בְּרֹאשׁ שֶׁל גֶּבֶר, מוּטָל בֵּין הַזָיוֹת וּבֵין
כָּרִים וּמַחֲכֶּה, אוּלַי יִפֹּל עָלָיו, סַהֲרוּרִי
שׁוּב אוֹתוֹ אוֹר וְאוֹתוֹ יֹפִי שֶׁל אַפְּרִיל.

B) MOONSTRUCK

April nights have now camped at my window. In you
love, I recall the fear that takes hold at summer's
approach, but in me, only the anticipation of
that Hamsin night coming to us once again. The heat
was awful, we simply ripped at the windows for a
breath of cool air, unraveled our clothes.
Suddenly I saw how the light stole moonstruck
to the bed, and shone on you and with incomparable softness
trailed along the planes of your body and molded the
hungry contour of your chin and your entire face. In the darkness
a nightbird shrieked as it crossed the moonlit heavens.
You did not speak of fear. It was I who saw
how your body arched with fright and yearning. Later came
the dew, and slumber. Summer's just begun. But eversince
on Hamsin nights, who can figure what's
in a man's head as he lies in wait between fantasies
and pillows perchance will fall upon him, moonstruck
that same light and that same April loveliness.

מְכִירָה בַּגָּלֶרְיָה

קוֹנֶה אֶת הַטוֹרְסוֹ שֶׁל פִידִיאָס
שׁוֹקֵי הַשַּׁיִשׁ שֶׁל אַפְרוֹדִיטֵי
זְהָבוֹ הַקַּר שֶׁל רֶנוּאָר, כָּל הָאֹשֶׁר כֻּלּוֹ—
לֹא אִשָּׁה בִּשְׁקִיעָתָהּ וְלֹא שֶׁמֶשׁ בִּפְרִיחָתָהּ
רַק זָהָב סָגוּר שֶׁל חַרְסִינָה שְׁבִירָה מִסִּין
מִשְׁתֶּה טַפֶּטִים, הֲלוּלָה שֶׁל אוֹרְגִיָה פַּרְסִית
מִינְיָאטוּרוֹת נִשְׁכָּחוֹת שֶׁל פִּיקַסוֹ
מַעֲרָמִים קְטַנִּים לִשְׁנוֹת עַצְבוּת
כֹּהֵן שְׁמֵאוֹנֵן שׁוֹקֶיהָ שֶׁל אֵלֶּה בַּנֶּגְלִית
כָּל הַנָּשִׁים הַצּוֹבְאוֹת פֶּתַח אֹהֶל מוֹעֵד
שֶׁבִּשָׂרָן הָרוֹעֵד מַזְכִּיר עָווֹן וּלְבוֹנָה
שֶׁל בָּתֵּי הָעֲלָמִין.
וְאַחַר, כְּשֶׁנִּסְגֹּר הַבָּזָר, מָנוּי וְגָמוּר מִנְכָסֵי
בְּלִי פְּרוּטָה בְּכִיסִי, הַשְׁאִירִינִי אִתָּךְ, מוֹכֶרֶת קְטַנָּה,
עַרְמוּמִית, אֶל הַטוֹרְסוֹ שֶׁלָּךְ לַחֲבֵר לִי צָמִיד
שֶׁאַתְּ מֵעוֹלָם לֹא מָכַרְתְּ. לְתָמִיד.
אוּלַי מְאֻחָר
בַּסְּתָו
לִפְנֵי שֶׁאֵלֵךְ
יִהְיֶה לִי זָהָב אֶחָד בִּשְׁבִילֵךְ.

GALLERY SALE

I'll buy the torso of Phidias
the marble thighs of Aphrodite
the cold gold of Renoir, all the joy that there is—
neither a woman sinking downward nor a sun in bloom
only the inlaid gold of a fragile Chinese porcelain
a feast of tapestries, Persian orgy revelry
forgotten Picasso miniatures
little nudities for the sad years
a high priest humping the thighs of a Bengali goddess
all the women doing service at the tabernacle entrance
whose quivering flesh evokes the iniquity and frankincense
of graveyards.
At last, when the bazaar's shut fast, stripped of my assets
not a penny in my pockets, let me stay, little salesgirl,
cunning one, to fasten to your torso a bracelet
that never before have you sold. For always.
Maybe late
in the fall
before I go
I'll give you a piece of gold.

מְשַׁקֶּרֶת וּבוֹכָה

אָמַרְתִּי לָהּ אַל נָא בְּחַסְדֵּךְ, שֶׁרָאִיתִי שַׂעֲרַת כֶּסֶף
בְּעֵינַיִךְ
וְאֵינִי יוֹדֵעַ אִם הִיא מֵאַלְמָתִי
אוֹ גְּנוּבַת־לַיְל שֶׁהִשְׁאִיר לָךְ אֶחָד מֵאוֹרְחַיִךְ
"סְנוּנִית אַחַת אֵינָה מְבַשֶּׂרֶת אֶת הָאָבִיב" אָמַרְתְּ וּבָכִית
"שַׁחַף נוֹפֵל הוּא מִין סַכִּין נוֹגַעַת בְּיָם סְתָו"
אָמַרְתִּי לָהּ. וְיָפֶה מָשָׁל לַחֲכָמִים,
אֲבָל עַכְשָׁו, אַל נָא בְּחַסְדֵּךְ, אַל נָא בְּרַחֲמִים
בּוֹאִי אִתִּי, נִמְנֶה בְּשֶׁקֶט אֶת הַחוּטִים
עַד אֲשֶׁר יֵרָתֵק חֶבֶל הַכֶּסֶף
וְיִפְנֶה אַחֲרוֹן הָאוֹרְחִים
וַאֲנִי אֵלֵךְ מֵעָלַיִךְ
וְאַתְּ מֵעָלַי תֵּלְכִי
כָּךְ אָמַרְתִּי לָהּ, אַל נָא בְּחַסְדֵּךְ
שֶׁרָאִיתִי שַׂעֲרַת כֶּסֶף בְּעֵינֶיהָ
וְהִיא מְשַׁקֶּרֶת לִי עַל סְנוּנִית אַחַת
סְתָוִית
שֶׁאֵינָה מְבַשֶּׂרֶת אֶת הָאָבִיב
מְשַׁקֶּרֶת וּבוֹכָה.

LYING AND WEEPING

I said to her please don't, by your grace, that I'd seen in her eyes a

silver hair

and didn't know if it was from my own sheaf

or night-stealings one of your guests left there

"One swallow doesn't herald Spring" you said and wept

"A falling gull is like a knife when it touches the Autumn Sea"

I said to her. Words to the wise,

But now, please don't, by your grace, don't by your mercy.

Come with me, we will count the threads quietly

till ever the silver cord shall bind

and the last of the guests has gone home

and then I will go from you

and you from me will go

Thus I spoke to her, please don't by your grace

that I'd seen in her eyes a silver hair

and she was lying to me about one swallow

of autumn

that it doesn't herald spring

lying and weeping.

עֵצוֹת לְדוּלְצִינֵאָה

אִלּוּ רָאִית אֶת הַגַּרְזֶן שֶׁשָּׁלַח בִּבְשָׂרוֹ
אַנְיֵצִי זֶקְנוֹ, אִישׁוֹנָיו הַמִּתְרַחֲבִים
צִפּוֹרִים רְעֵבוֹת שֶׁבָּרְחוּ מִקִּנּוֹ בָּאָבִיב
סִיּוּטֵי-לַיְלָה שֶׁעוֹקְרִים צְעָקוֹת מִלִּבּוֹ.
כַּף אַחַת מָרָק מִיָּדֵךְ בְּכָל הֲזִיוֹת מַלְכוּתוֹ,
קְדֵרָה קְטַנָּה שֶׁלָּךְ אֶל צַעֲרוֹ
וְהוּא חוֹזֵר וְצוֹלֵחַ אֶת הַגּוּאָדָאלְכַּבִּיר, אֶת כָּל הַנְּהָרוֹת.
עַכְשָׁו אַתְּ יְכוֹלָה לְלֹא מוֹרָא לְשַׂחֵק בַּחֲלוֹמוֹ
לִדְמוּת דֶּהֱרוֹת דֶּהֱרוֹת אַבִּירָיו
עַל מַרְצְפוֹת הָאֶבֶן שֶׁל סְפָרַד.
טִפָּה שֶׁל רַחֲמִים לְרוֹסִינַנְטֵי הַכָּחוּשָׁה
קְצָת אַהֲבָה, קְצָת אֲחִיזַת-עֵינַיִם, כָּל כָּךְ מְעַט,
וְאֵיפֹה אַתְּ?

ADVICE TO DULCINEA

Had you but seen the gauntness of his flesh

his dry shocks of beard, his dilating pupils

the ravenous birds that would fly his nest in Spring

the nightmares extracting screams from his heart.

All his regal fantasies for one spoonful of broth from your hand,

your smallest curtsy to his heartache

and he'll ford the Guadalcabir once again, all the rivers.

Now you may fearlessly play in his dream

conjuring galloping galloping knights

on the cobblestones of Spain.

A drop of compassion for withered Rosinante

a little love, a little sleight of hand, a small bit will do,

and where are you?

תְּנִי לַדְּמָעוֹת

מִפֵּרוּרִים שֶׁל זִכָּרוֹן
אֶפְשָׁר לִבְנוֹת אַרְמוֹן
אוֹ שֶׁבְּבְכִי לְמָרֵר
זִכְרִי אֶת הַפָּסוּק הַתָּנַ"כִי:
מִנְעִי קוֹלֵךְ
מִנְעִי קוֹלֵךְ מִבְּכִי
קְחִי לָךְ מֶרְחָק מִן הַכְּאֵב
הַיְשִׁירִי בּוֹ מַבָּט
לִמְדִי לְהַעֲמִיד פָּנִים
שֶׁהַשָּׁנִים עוֹשׂוֹת אִתָּךְ
רַק חֶסֶד
שִׁמְרִי אֶת חִין־יָפְיֵךְ
מִן הַדְּמָעוֹת
מִנְעִי מֵהֶן כְּמוֹ מִסַּחַף
אֶת פָּנַיִךְ
אֲבָל, אֲהוּבָתִי, כִּכְלוֹת הַיּוֹם
תְּנִי לַדְּמָעוֹת לִזְרֹם
עַל פְּנֵי לְחָיֵךְ, בַּאֲפִיקֵי־שִׁירַיִךְ.

LET THE TEARS

From memory's bits
A palace you may build
Or you can bitterly pine away
Remember the biblical saying:
Keep your voice
Keep your voice from weeping
Take a step back from the pain
Look at it squarely
Learn to keep face and pretend
that the years treat you only
with favor
Protect your comely beauty
from tears
Keep your face from them
as from torrents
But, my love, at day's close
let the tears flow
down along your cheeks
into the streambeds of your poems.

מַנְהֶטָן

בּוֹאִי נִסַּע מִכָּאן לִפְנֵי שֶׁיַּחְשִׁיךְ
בְּדֶרֶךְ הַגְּשָׁרִים לַסְקַיְ-לַיְן שֶׁל מַנְהֶטָן.
נָשׁוּט כְּמוֹ כֻּלָּם בִּנְהַר הַמְּכוֹנִיּוֹת
הָאֵינְסוֹפִי וְהֶעָגוּם אֲבָל מִמַּעַל
עִיר גְּדוֹלָה בִּרְגָעֶיהָ הַיָּפִים תַּבִּיט
אֶל שְׁעַת הַדִּמְדּוּמִים הַמְפַיֶּסֶת.
וְהַחַמָּה מֵרֹאשׁ צַמְּרוֹת גּוֹרְדֵי-שְׁחָקִים
כְּבָר נִסְתַּלְּקָה אֲוִיר-גְּשָׁרִים הוּצַף
פִּתְאוֹם בְּאֹבֶךְ שֶׁל זָהָב אוֹ מָה שֶׁהֵם
הַמְּשׁוֹרְרִים קוֹרְאִים לוֹ פָּז וָכֶתֶם.
הָעִיר נוֹתֶנֶת עַכְשָׁו אֶת הַשּׁוֹ הַגָּדוֹל
בְּפִינָלֶה שֶׁל הַהַצָּגָה הַיּוֹמִית —
קַן הָרָקִיעַ הָאֱלֹוהִי הַבִּלְתִּי-נִשְׁכָּח שֶׁל
הַמֶּטְרוֹפּוֹלִיס. עָצַרְנוּ רֶגַע עַל הַגֶּשֶׁר
אֶת הִשְׁתַּתְּקֵתְ פִּתְאוֹם.
פָּנַיִךְ מוּאָרוֹת, אָמַרְתִּי לָךְ
וְגַם, הַצֶּבַע הַשָּׁחֹר
הוֹלֵם אֶת אוֹר עֵינַיִךְ,
בּוֹאִי נִסַּע לִפְנֵי שֶׁיַּחְשִׁיךְ.

MANHATTAN

Let's leave here before it gets dark
on the bridge to the Manhattan skyline.
Like all the rest we'll drift along the car river
so endless and gloomy but up above
a grand city in her moment of beauty will gaze
upon the pacified twilight hours.
And the sun has already deserted the skyscraper
treetops and the bridge air is suddenly flooded
with a golden mist or what the poets prefer
to call the fine gold of Ophir.
The city is putting on its big show now
at the finale of today's matinee—
the divine unforgettable skyline of the
Metropolis. We stopped a moment on the bridge
You were silent suddenly.
Your face is all glow, I said to you
and also, The light in your eyes
goes so well with the color black,
Let's leave before it gets dark.

עַד סוֹף הַשָּׂדֶה

שְׁעוּרֵי הַטֶּבַע שֶׁל נְעוּרַי
לְאַחַר מִכֵּן הָאָמָּנוּת וְכָל הַשְּׁאָר
וְרַק אֶת
נִצַּת חוֹלוֹת רַכָּה

הָיִיתִי תָּמִיד בְּמִשְׁתֵּה הַחַיִּים אוֹרֵחַ בַּיְשָׁן
וַאֲפִלּוּ עַכְשָׁו
מְאֻחָר לִהְיוֹת אַחֵר.
בְּגִילִי אוֹמְרִים, יָפָה מִכָּל הַשִּׁכְחָה
הַלֶּקֶט הַפְּרִידָה בְּשֶׁקֶט
הַוִּתּוּר.
לָקוּם עָגוּם וְהָדוּר לְתַקֵּן חֲצוֹת שֶׁל אַהֲבָה
בְּשֶׁל אֵיזוֹ גַּאֲוָה
אוֹ אֵיזוֹ רִגְשָׁה סְתָוִית.
אֲבָל מָה לַעֲשׂוֹת מַלְקוֹמְיָה
לְאוֹתוֹ יֵאוּשׁ יָפֶה וְצוֹעֵק בַּשָּׂדֶה הַזָּרָה
מְפַתֶּה אוֹתִי לְנַעֵר חוֹלוֹת זָהָב מִנְּעוּרַי
שֶׁאוֹסִיף לְשַׁקֵּר שֶׁכְּסִיפַת שֵׂעָר אֵינֶנָּה זִקְנָה
אֶלָּא תְּכוּנָה עֲדִינָה לַמַּסָּע,
אוֹ אוּלַי, מַלְקוֹמְיָה יְפֵהפִיָּה, שֶׁאֶחְדַּל

מִי חוֹשֵׁב
אִם אַתְּ שָׁם בְּחוֹלֵךְ
עוֹד פּוֹתַחַת עָלֶה, מִי חוֹשֵׁב עַל לָמוּת
רְאִי עַד סוֹף הַשָּׂדֶה אֲנִי הוֹלֵךְ וְהוֹלֵךְ.

TO THE END OF THE FIELD

the nature lessons of my youth
later on art and all the rest
and only you
tender bud in the sand

At life's feast I was always a bashful guest
and even now
it's too late to be otherwise
At my age they say, forgetting's best
summing up, a hushed farewell
letting go.
To rise mournful and bedecked for a midnight liturgy of love
out of some sort of pride
some sort of autumnal stirring
but what's to be done Malcolmia
with that beautiful despair shouting in a foreign field
enticing me to shake out the golden sands of my youth
should I keep on lying that silvering hair is not old age
but rather a subtle sign of passage
or perhaps, lovely Malcolmia, I should cease

who thinks
if you are there in your sand
still unfolding a leaf, who thinks of dying
you see how I go to the end of the field again and again.

נִשְׁאַר הַיַּיִן

נִשְׁאַר הַיַּיִן. נֶסֶךְ הַתָּמִיד בְּכוֹס הַבְּדֹלַח וְאוֹתוֹ הַקֶּסֶם;
בְּבַת־שְׁלֹמֹה בְּצֶלַע הַר לָבָן יֵשׁ גֶּפֶן אֲפֵלָה שֶׁמְּטַפֶּסֶת
שָׁם נַעֲרַת כְּרָמִים בּוֹצֶרֶת בְּיָדֶיהָ הַחַמּוֹת אֶשְׁכּוֹל אֶחָד קָרִיר
אַתָּה מֵרִים עִם כָּל הַשִּׁכּוֹרִים אֶת כּוֹס הַבְּדֹלַח הַצְּלוּלָה
עִם כָּל הָאוֹר וְהַתּוּגָה שֶׁבָּעוֹלָם.

THE WINE REMAINS

The wine remains. A daily libation in a crystal cup and that same magic;
At Bat-Shlomo on a white mountainside a late-ripening vine is creeping
There the warm hands of a vineyard girl are harvesting one cool bunch
You lift together with all the drunks the cup so crystal clear
With all the light and all the sadness on earth.

כְּמוֹ בַּלָּדָה

אִם זֵר קוֹצִים כּוֹאֵב
זֶה מָה שֶׁאַתְּ אוֹהֶבֶת,
אֵלֵךְ אֶל הַמִּדְבָּר
וְשָׁם אֶלְמַד לִכְאֹב.
וְאִם שִׁירִים אָהַבְתְּ,
רַק שֶׁכְּתוּבִים בָּאֶבֶן —
בֵּין הַכֵּפִים אָגוּר
וּבַסְּלָעִים אֶכְתֹּב.

וְאָז, כְּשֶׁנִּתְכַּסֶּה
עִם הַחוֹלוֹת בַּחֹשֶׁךְ
וְסֵפֶר הַדְּבָרִים
בַּחֹשֶׁךְ יִתְכַּסֶּה,
תַּגִּידִי לִי מִלִּים
יָפוֹת מִבְּכִי וָאֹשֶׁר;
הוּא כַּנִּרְאֶה אָהַב
אוֹתִי, הָאִישׁ הַזֶּה.

A SORT OF BALLAD

If a painful crown of thorns
is the very thing you love
to the desert I will go
there to study pain.
And were you to love poems
only when written in granite—
I'd live among the crags
and on the rocks I'd write.

Then, when we've covered up
with the sands in darkness
and the chronicle
with dark has covered up,
you will tell me words
more fair than tears or gladness;
it seems he must have
loved me, this very man.

אֱמִילִי

אֱמִילִי
אֵיפֹה צִלְצֵל שְׁמֵךְ לָאַחֲרוֹנָה
לְמִי עַכְשָׁו אַתְּ עוֹנָה
אֵיפֹה, אוֹהֲבַיִךְ שׁוֹאֲלִים,
אִם לֹא בְּדָקוֹטָה וְלֹא בְּוַיְאוֹמִינְג
וְלֹא בֵּין שְׁאָר הַשֵּׁמוֹת הָאֲצִילִים
שָׁם אַתְּ אֲמוּרָה לִהְיוֹת שֵׁם שֶׁל נַעֲרָה
וְכָל מַה שֶּׁנַּעֲנֶה לָהֶם בֵּין מְנִיפוֹת הַדְּקָלִים
בְּחוֹף מַעֲרָב
אוֹ בַּדָּרוֹם הַצָּמֵא
לְעוֹלָם לְאֶמִילִי לֹא יִדְמֶה.
בְּעִתּוֹת הַפְּנַאי שֶׁל אַהֲבָתָם
הֵם שׁוֹאֲלִים.
אֱמִילִי
שֶׁכָּכָה צִלְצֵל לָהֶם שְׁמָהּ
מָה הִיא אִם לֹא סִיּוּמָהּ
שֶׁל אַהֲבָה מְדֻמָּה
אֱמִילִי.

EMILY

Emily
Where is it your name's been chiming out
Whose call do you answer now
Where, those who love you have been asking
If not in Dakota and not in Wyoming
And not among the many other names so fine
Where you were meant to be the sweet name of a teen
And whatever else might answer them among the palms all in a line
On a west coast beach
Or on thirsty southern days
Could never match Emily's lovely ways.
In the leisure hours they would give to love
They are asking.
Emily
For that's how her name chimed for them
What is she if not just the end
Of a love that was pretend
Emily.

עַל עַנְפֵי שִׁטָּה

עַל עַנְפֵי שִׁטָּה רָדָה עֲלָטָה
עֲלְעֲלֶיהָ רוּחַ עֲלְעֵל,
וּבַעֲלָטָה, שָׁם יָשְׁבָה כִּתָּה
וְזִמְּרָה לָךְ שִׁיר, יָעֵל.
בֵּין סָבְכֵי שִׁטָּה נָחָה עֲלָטָה
הַשּׁוּעָל נוּגוֹת מְיַלֵּל.
וּבַעֲלָטָה נִרְדְּמָה כִּתָּה
רַק שִׁירֵךְ עוֹד מְצַלְצֵל.
מֵעַנְפֵי שִׁטָּה גָּזָה עֲלָטָה
עֲלְעֲלֶיהָ בֹּקֶר טִלְטֵל.
אֶל מֶרְחַב שָׂדוֹת צָעֲדָה כִּתָּה
וְזִמְּרָה אֶת שִׁמְךָ, יָעֵל.

נְצַפֶּה וּנְיַחֵל, זִיו עֵינַיִךְ, יָעֵל
הוּא רָחוֹק רָחוֹק עוֹד יָהֵל
עִם הַשַּׁחַר הַצּוֹהֵל.

YAEL (O'ER THE BOUGHS OF THE ACACIA)

Dedicated to Yael Greenfield in this edition,
by special request of the poet

The acacia bloomed in the evening gloom;

O'er its leaves the breezy night fell.

In the evening gloom sat the whole platoon,

And they sang your song, Yael.

When acacias loom in the growing gloom

Old fox looses his mournful yell.

In the growing gloom dozed a whole platoon,

But your song chimed like a bell.

The acacia soon saw an end to gloom;

O'er its branches morning did swell.

To the open fields marched the whole platoon

And they sang your name, Yael.

We are under the spell of your bright eyes, Yael.

Though you're far away we can tell

You light up the dawn so well.

בַּקַּיִץ הַמְאֻחָר

כָּל קִלְלוֹתֶיהָ שֶׁל מֵלִיסָה הַחֻרְפִּית
עַל אָבְדַן עֲלוּמֶיהָ
בְּעַד שָׁעָה אַחַת מִשְּׁעוֹת הַקַּיִץ הַמְאֻחָר
שֶׁהָיִינוּ עוֹמְדִים בְּנֶצַח נְצָחִים שֶׁל שַׁלְוָתוֹ הַפְּתוּחָה
אוֹרִים אֶת חַיָּיו הָאֲפֹרִים שֶׁל הַשֶּׁלֶף
מְגַלִּים אֶפְשָׁרֻיּוֹת קִיּוּם בִּלְתִּי מְשֹׁעָרוֹת
לִכְאוֹרָה אֶרֶץ שְׁמָמָה אֶרֶץ דְּמָמָה, וּשְׁעָתֵנוּ חֲתוּמָה
אֶלָּא שְׁהוּת־מָה אֵצֶל יֶרֶךְ־הָאֲדָמָה
מְגַלָּה לָנוּ אֶת כָּל כַּנֵּי הַחֵן וְהָעֲרָגוֹת הַשְּׂרוּפוֹת
וּמַה שֶּׁקּוֹרְאִים תִּקְווֹת, תִּקְווֹת
שֶׁהַקַּיִץ אֵינוֹ סוֹף אַחֲרוֹן סְחוּף שֶׁמֶשׁ.
מִי יָכוֹל לְהַאֲרִיךְ יָמִים בְּיָרֹק?
אוֹתוֹ צֶבַע רָגִישׁ, צֶבַע כָּמִישׁ שֶׁל אַשְׁלָיוֹת מָרוֹת
מוּטָב בְּצָהֹב וּבְחוּם שֶׁאֵינָם דּוֹהִים כִּמְעַט
וְטוֹב מֵהֵמָּה הַשָּׁחֹר אוֹ גּוֹן הָאַרְגָּמָן
הֵינִי שֶׁנִּגָּר מֵאֶשְׁכּוֹלוֹת הַזְּמָן.
הִנֵּה בָּאָה לָנוּ חוֹחִית
בְּתוּלַת הַשֶּׁלֶף הַנִּצְחִית
בּוֹאִי, חוֹחִית, כָּל קִלְלוֹתֶיהָ שֶׁל מֵלִיסָה הַבּוֹכָה
בְּצִיּוּץ אֶחָד
שֶׁלָּךְ
שָׁבִיר שֶׁרוֹעֵד לָנוּ בָּאֲוִיר הַחַם
בַּשֶּׁלֶף הַשּׁוֹמֵם, בַּקַּיִץ הַמְאֻחָר.

IN LATE SUMMER

Each and every curse of wintry Melissa

at the loss of her youthfulness

for just one of those hours in late summer

when we stood in an ever and ever of open tranquility

soaking up the gray life of the stubblefield

that revealed unimagined possibilities of existence

At first it seemed a desolate waste, still as the desert, our doom was
      sealed

but a brief respite down by the haunches of the earth revealed

all the flirtatiousness and scorching desire

and what they call hope, hope

that the summer would not be a final sun-oppressed ending

Who can endure to a ripe old age in green?

that sensitive, withering hue of bitter disillusion

Better in yellow and brown that hardly fade

and better yet black or the purple shade

of wine that flows from clusters of time.

Here comes a finch our way

the stubblefield's eternal maid

Come, finch, each and every curse of wintry Melissa

for one chirp

of yours

so fragile that trembles for us in the hot air

in the desolate stubblefield, in late summer.

אַחַר הַסְּעָרָה

כְּמוֹ חוֹף עָיֵף אַחַר הַסְּעָרָה
כְּמוֹ עִיר טְבוּעָה שֶׁל אַהֲבָה זָרָה
כְּחַמּוּקִים שֶׁל יָם
שֶׁחֲבוּקִים אֲצוֹת רַכּוֹת שֶׁל נְהִיָּה
כְּאֶשֶׁד עַל עֶרְיָהּ
גַּלִּים שְׁחֹרִים
שֶׁאַחֲרֵיהֶם בָּאִים וְנִשְׁבָּרִים
גַּלֵּי הַיָּם הַלְּבָנִים
נוֹתְנִים בְּאוֹר מָלֵא
אֶת הַדְּבָרִים הַמְתוּקִים לָעַיִן
וּמָרִים לַלֵּב.
עִיר טְבוּעָה שֶׁל אַהֲבָה זָרָה
חוֹף עָיֵף אַחַר הַסְּעָרָה.

AFTER THE STORM

Like a tired shore once the storm is done
Like a sunken city of unholy love
Like rounded curves of sea
embraced by soft seaweeds of yearnfulness
cascading over nakedness
black sea-swells
and after these will come and burst apart
the towering whitecaps of the sea
bestowing in full light
those very things that to the eye are sweet
though bitter to the heart.
A sunken city of unholy love
A tired shore once the storm is done.

אִישׁ לְנַפְשׁוֹ, אִשָּׁה לְנַפְשָׁהּ

לֶאֱהֹב פֵּרוּשׁוֹ לְסַפֵּר תָּמִיד סִפּוּר פֶּנֶלוֹפֶּה
לְשַׂחֵק בְּאוֹתוֹ אֲרִיג אָדָם יָשָׁן,
כְּאוֹתָהּ אִשָּׁה שֶׁעֲמָהּ חָטָאנוּ
מַסִּיחִים דַּעְתֵּנוּ מִן הַזְּמַן שֶׁפּוֹרֵם אוֹתָנוּ
וּבְעוֹד אָנוּ טוֹרְחִים עִם הַחוּטִים קַלֵּי־הָאֶרֶג
יָמֵינוּ כָּלִים. הַכֹּל נִגְמַר
וְאוֹדִיסָאָה שֶׁלָּנוּ חֲתוּמָה
וְגִנְזַךְ הַנֶּפֶשׁ מְרוֹקָן
וְנֵלְכָה מִכָּאן בְּדֶרֶךְ אֲרֻכָּה
שֶׁאִישׁ מִמֶּנָּה עוֹד לֹא שָׁב
מַנִּיחִים מֵאַחֲרֵינוּ אוֹתוֹ אֲרִיג אָדֹם וּמְכֻשָּׁף
כִּי אֵיךְ יֶעֱרַב לָנוּ וְאֵיךְ יִמְתַּק וְאֵיךְ יֵחַם
בְּזֶה אֲרִיג הָאַהֲבָה הַיָּשָׁן,
בְּלֶכְתֵּנוּ מִכָּאן בָּדָד
אִישׁ לְנַפְשׁוֹ.
אִשָּׁה לְנַפְשָׁהּ.

EACH MAN ALONE, EACH WOMAN ALONE

To love means always to tell the tale of Penelope,
To play with the same old red tapestry,
Like that woman with whom we have sinned too
Taking our minds off time which unravels us
And while we toil with the easily-woven strands
Our days decease. Everything ends.
And our Odyssey is sealed
And the soul's archives emptied
And we'll go from here on a long road
From which no one has yet returned
Leaving behind us that bewitched red tapestry
For how will we find joy or sweetness or warmth
In this old tapestry of love
When we go from here alone
Each man alone
Each woman alone.

Trans. Richard Flantz

לָשׁוּב הַבַּיְתָה

לָשׁוּב הַבַּיְתָה מֵהֲמוֹנוֹ שֶׁל אִינְטֶרְנַצְיוֹנָל
הַנּוֹדְדִים הַוַּגַבּוּנְדִים, בְּנֵי־בְּלִי־בַּיִת,
מְגֻלֵּי הָאֲרָצוֹת, הָרְעֵבִים לְאַהֲבָה זָרָה, לְאֹזֶן
אַלְמוֹנִית, לוֹמַר וִדּוּי שֶׁמְּחַכֶּה בַּחֹשֶׁךְ זֶה
שָׁנִים. לְהִפָּרֵד מֵהָאַלְמוֹנִיּוּת הַמְּפַתָּה,
מִמַּדּוּחֵי הַשָּׁוְא שֶׁל מַבָּטִים גְּנוּבִים
מֵהַכְּאֵב הַמְּנַחֵם שֶׁל הַיְדִיעָה, כִּי לֹא נַחֲזֹר
לִרְאוֹת אֶת אֵלֶּה לְעוֹלָם. לָחוּשׁ עַד עֹמֶק
הַנְּשָׁמָה אֶת נֶצַח חַד־פַּעֲמִיּוּת־הָרֶגַע,
אֵיךְ הוּא גּוֹאֶה, מִפְלָס גַּעֲגוּעֵינוּ
שֶׁבַּנֶּפֶשׁ. לִמְחוֹת כַּבְּכִי מֵעֵינֵינוּ אֶת גְּשָׁמֶיהָ
שֶׁל נוֹרְוֶגְיָה, אֶת הַמּוֹנְסוֹנִים שֶׁל בַּנְגְּקוֹק.
תְּנִי, נִילָה, יָד, כְּבָר נוֹחֲתִים, גּוֹמְאִים אֶת
הַמַּסְלוּל. אַל תִּפְחֲדִי, אֲהוּבָתִי, זֶה בֹּקֶר וְהַבַּיִת.
גַּם צִפֳּרִים שָׁבוֹת, כְּכְלוֹת הַכֹּל, וָאוֹר בִּמְקוֹרָן
וְגַם הָרוּחַ שָׁב עַל סְבִיבוֹתָיו.

TO RETURN HOME

To return home from the throngs of an Internationale
the vagabond nomads, the homeless ones,
the explorers, hungry for foreign love, an anonymous
ear, to make a confession that's lain in the dark
for years. To bid farewell to that alluring anonymity,
to vain seductions in a stolen glance
the comforting pain of knowing we won't be back
to see them ever again. To sense to the depth
of your soul the moment's once-in-a-lifetime-eternity,
how it swells, the tide of our spirit's
longing. To wipe from your eyes, like tears, the rains
of Norway, the monsoons of Bangkok.
Give me your hand, Nila, we're already landing, swallowing up
the runway. Don't be afraid, my love, it's morning and home.
Even birds return again, in the end, their beaks filled with light
and again according to his circuit returneth the wind.

POETRY'S
GRACE

חֹרֶף חוֹזֵר

הַגֶּשֶׁם שׁוּב בְּלַחַן יָשָׁן חוֹזֵר לַשָּׂדוֹת,
שִׁכְחַת־קוֹצִים מֵאִשְׁתָּקֵד וּכְבָר סְבִיבָם
פּוֹרְצִים נַחְשׁוֹלֵי הַפְלוֹרָה הַמְפַתָּה אֲבָל
מֵעַתָּה לֹא יוֹלִיכוּ אוֹתְךָ שׁוֹלָל כַּנֶּנֶי־
הַחֵן שֶׁל הַפְּרָחִים. עֻבְדּוֹת חַיִּים כְּמוֹ
הַיְדִידִים, לְמָשָׁל, שֶׁפּוֹתְחִים וְהוֹלְכִים אוֹ
פִּתְאוֹם הָעֲלִיָּה הַמְרֻשַּׁעַת בְּלַחַץ הַדָּם.
הָאִתּוּת הַחֲשָׁאִי שֶׁל הַלֵּב. מַה כְּבָר תּוּכַל
לַעֲוֹלֵל לְךָ גֶ'סְטָה אֵרוֹטִית שֶׁל רַקֶּפֶת
מִתַּחַת לַסֶּלַע אוֹ אֵיזֶה חַרְדּוֹן מֵאָבָן
שֶׁשָּׂרַד מֵעִדַּן הַדִּינוֹזָאוּרִים. גַּם בַּטֶּבַע
אֵין נֶחָמָה. רַק הַלַּחַן הַיָּשָׁן הַחוֹזֵר עַל
עַצְמוֹ, שֶׁל זַרְזִיפֵי־הַגֶּשֶׁם, נוֹתֵן לְךָ כְּמוֹ
קוֹצֵב־לֵב אֵיזוֹשֶׁהִי אֲרֻכָּה שֶׁל כְּאֵב.
תּוּכַל לַעֲשׂוֹת בָּזֶה מַה שֶּׁעָשׂוּ מְשׁוֹרְרִים
אֲחָדִים לְפָנֶיךָ: לִנְשֹׁם לְאַט אֲוִיר חָרִיף
שֶׁל חֹרֶף. לְהַשְׁלִים בַּעֲדִינוּת, בִּכְנִיעָה
שֶׁל גְּלַדְיָאטוֹר, אֶת הַשִּׁיר. אַף לֹא תְּלוּנָה
אַחַת עַל מַר־הַגּוֹרָל. לֹא רִיב. וּכְדֶרֶךְ
אֳנִיָּה בְּלֵב־יָם לְהַשְׁאִיר עֲרִירִי
שֹׁבֶל מַקְצִיף שֶׁל צַעַר אֲצִילִי
לִפְנֵי שֶׁיֵּעָלֵם בַּגַּלִּים.

WINTER AGAIN

The rain again with its old tune returns to the fields,
an oblivion of last year's thorns and already around them
erupt swells of seductive flora but
from now on you'll not be led astray by
flowery flattery. Facts of life like
the friends, for example, that dwindle or
suddenly an evil elevation in blood pressure.
The silent signal of the heart. What harm can
they do you now, the erotic gesture of a cyclamen
under a rock or some fossilized lizard
that survived from the dinosaur age. Even in Nature
there's no consolation. Only the repetitious old
tune of drops of rain, like a pacemaker, gives you
some sort of extension of pain.
You may do with this what several poets
already have: Slowly breathe in the sharp
winter air. Gently, with the surrender of a
gladiator, complete the poem. Not a single complaint
about bitter fate. No quarrel. And like
a ship at sea leave frothing
a solitary trail of noble sorrow
ere it vanishes in the billows.

וְהָרֹתֶם הָיָה מַלְבִּין

וְהָרֹתֶם הָיָה מַלְבִּין וְהוֹלֵךְ לְאַטּוֹ לְאֹרֶךְ הַדֶּרֶךְ.
תֵּל אָבִיב עֲטוּפָה עֲרָפֶל, יְרוּשָׁלַיִם רְחוֹקָה
מִישֶׁהוּ אוּלַי לֹא יַגִּיעַ לְסוֹף הַחֹרֶף הַזֶּה, לְשׁוּמָקוֹם.
דָּם הוֹלֵךְ וָדָם בָּא וְהָאָרֶץ לְעוֹלָם עוֹמֶדֶת.
אֶתְמוֹל נוֹרְתָה בְּלִבָּהּ צַלֶּמֶת אַחַת יְפַת־תֹּאַר
שֶׁחָמְדָה זְהַב־דִּיּוּנוֹת וּפְרִיחָה אֲצִילָה שֶׁל
שִׁקְנָאִים מִשְׁמוּרַת הַטֶּבַע שֶׁל מַעֲגַן מִיכָאֵל,
אֵיךְ שֶׁהִיא מַבְרִיחָה בִּמְעוֹפָהּ עֲנָנִים וּמְפַזֶּרֶת
לַהֲקַת עַמּוּדֵי חַשְׁמַל בְּמַסָּעָהּ אֶל סְעוּדַת־הַקֹּדֶשׁ
הַחָרְפִּית בִּבְרֵכַת הַדָּגִים הָרְדוּמָה.
לֹא לְכָךְ נִתְכַּוַּנְתִּי מִלְּכַתְּחִלָּה; טְיוּטָה זוֹ נִרְשְׁמָה
בְּרֵאשִׁית הַחֹרֶף. נִצָּנִים רִאשׁוֹנִים שֶׁל כְּפוֹר פָּקְעוּ בָּאֲוִיר.
הַיָּרֹק הַיַּמִּי שֶׁל הָרֹתֶם הִתְנַשֵּׁב גַּלִּים גַּלִּים
בָּרוּחַ הַחוֹפִית. רָצִיתִי לְהַשְׁאִיר אַחֲרַי בְּצוּק הָעִתִּים
וִדּוּי קָצָר עַל אַהֲבַת רֹתֶם וְעַל הַצֹּרֶךְ
בִּכְתִיבַת שִׁירִים. חָשַׁבְתִּי שֶׁיָּפְיִי יוּכַל לְהָגֵן עָלֵינוּ
וְעַל הַיְלָדִים מֵאֵשׁ וּמִקֶּרַח
שֶׁאוֹתָהּ כְּסִיפָה עֲדִינָה שֶׁל פֶּרַח לְאֹרֶךְ הַדֶּרֶךְ
וְהָאָרֶץ הָאַחַת שֶׁנִּשְׁאֲרָה
וְרֹתֶם חוֹלוֹת מִדְבָּרִי וְיָפְיוֹ הַנּוֹרָא, חָשַׁבְתִּי.

AND THE *ROTEM* WOULD WHITEN

And the *rotem* would whiten slowly along the way—
Tel Aviv wrapped in mist, Jerusalem far off.
Someone may not get to the end of winter, to nowhere.
Blood comes and blood goes and the earth abides forever.
Yesterday a beautiful photographer was shot in the heart,
she who desired the gold of dunes and the noble ascent
of pelicans from the nature preserve of Maagan Michael,
how it chases away clouds in its flight and scatters
a flock of electric poles on its voyage to the winter
holy feast in the slumbering fish pond.
This was not what I had intended from the start; this draft was written
at the beginning of winter. The first buds of frost broke out in the air.
The sea green of the *rotem*, waves on waves
in the shore wind. I wanted to leave after me in these troubled times
a short confession of the love of *rotem* and the need
to write poems. I thought beauty could protect us
and the children from fire and ice,
that delicate longing of the flower along the way
and the one land that remained
and sandy desert *rotem* and its awful beauty, I thought.

Trans. Karen Alkalay-Gut

שִׂיחָה עִם אִמָּא

זֶהוּ כַּנִּרְאֶה הַסֵּאַנְס הָאַחֲרוֹן לוֹחֶשֶׁת אִמָּא וּמַסְוָה בְּחִיּוּךְ
אֶת כְּאֵבָהּ. לֹא לְכָךְ הִתְפַּלַּלְתִּי בִּשְׁעוֹת הַקְּטַנּוֹת שֶׁל הַלַּיְלָה
בְּלֵב הַחֲלוֹמוֹת. כָּךְ לְהִנָּגֵף בַּמַּרְבָד לְהִתְמוֹטֵט בַּחֹשֶׁךְ לְבַד
וּמָה יִהְיֶה עַל הַסִּפּוּר שֶׁאֲנִי טוֹוָה לִי שָׁנִים בְּגַאֲוָה?
מֵעוֹלָם לֹא רָאִיתִי אוֹתָהּ כָּל כָּךְ מְאֻכְזָבָה. אִמָּא, אֲנִי מְנַסֶּה
לְהַסִּיחַ אֶת דַּעְתָּהּ, זוֹכֶרֶת אֶת הַזֵּיתִים הַיְּרֻקִּים-הַמָּרִים
אֶת הַצְּנוֹנִית הַמְּתוּקָה אֶת עֲרֵמוֹת הַתּוּת הָאֲדֻמּוֹת וְאוֹתָם
שִׁירִים שֶׁהִצִּילוּ אוֹתָנוּ מֵעֲיֵפוּת חֲצוֹת, מִתְרַפְּקִים עַל זֵכֶר
נְעוּרַיִךְ: "הִיא עָזְבָה בֵּית אַבָּא וְאִמָּא וַתֵּלֶךְ עִם שֶׁטֶף הַגַּל"
אִמָּא עוֹצֶמֶת עֵינַיִם וְסוֹגֶרֶת שְׁתִיקָה בְּחִיּוּךְ מָרִיר וְתוּגָה.
הָיוּ יָמִים שֶׁצְּלִילוּתָהּ הַבְּרִיאָה מַרְפֵּא לַכּוֹאֲבִים וּפִתְאוֹם הָיְתָה
כְּאֶחָד הָאָדָם, רְפוּיָה, מוּכָנָה לְהִפָּרֵד. אִמָּא, אָמַרְתִּי לָהּ וְנָגַעְתִּי
בִּשְׂפָתֶיהָ הַקָּרוֹת, אֲנִי אוֹהֵב אֶת הַדִּמּוּי לַתֵּאַטְרוֹן.
אִי-אֶפְשָׁר אֶת הַחַיִּים לְשַׁנּוֹת אָז בּוֹאִי נְתַקֵּן אֶת הַמַּחֲזֶה
נְכַוֵּן אוֹרוֹת, נְחַבֵּר בְּיַחַד אֶפִּילוֹג שֶׁיִּתְאִים לָעוֹנָה הַזֹּאת
נוֹתַר עַל כַּמָּה גֵּ'סְטוֹת מְיֻתָּרוֹת, שֶׁהַמִּשְׂחָק הֶחָכָם שֶׁלָּךְ יוּכַל
לְהַמְשִׁךְ. שֶׁנִּשָּׁאֵר עוֹד מְעַט עַל הַבָּמָה. שֶׁנַּרְוִיחַ זְמַן.

A CONVERSATION WITH MOTHER

This evidently is the last show mother whispers and masks her pain
with a smile. This is not what I prayed for in the wee hours of the night
in the heart of dreams. To stumble like this on the carpet
and collapse in the dark alone
and what will become of the tale I've been proudly spinning for years?
I never saw her so disappointed. Mother, I tried to
distract her, do you remember the bitter green olives
the sweet radish the mounds of red strawberries and those
songs that saved us from exhaustion at midnight, holding tight to the
                                                                    memory
of your youth: "She left her mother and father's home
and was carried away on the waves"
Mother shuts her eyes and locks the silence with a bitter smile and
                                                                    sorrow.
There were days when her clarity brought relief from suffering and
                                                        suddenly she was
just a woman, limp and ready to take her leave. Mother, I said to her
                                                        and touched
her cold lips, I like that image of the theater.
Since we can't change life, let's fix the play
We'll adjust the lights, compose an epilogue together suited to the season
We'll dispense with several superfluous gestures, so you may continue
                                                                    to play
your wise role. So we can stay on stage just a bit longer. We'll buy a
                                                        little time.

רוּחַ דְּרוֹמִית קַלָּה

דּוֹמַנִי כִּי זֶה־לִי יָמִים עַל יָמִים
שֶׁאֲנִי מְחַכֶּה־לָּהּ, לְרוּחַ דְּרוֹמִית,
מִמְּחוֹזוֹת תַּפּוּחֵי־הַזָּהָב.

שֶׁתָּבוֹא לְאַטָּהּ חֲמִימָה וְקַלָּה:
רוּחַ־עֶרֶב דְּרוֹמִית מֵרוּחוֹת־הַשְּׁפֵלָה,
עִם רִשְׁרוּשׁ גִּבְעוֹלֵי־הֶחָצָב.

שֶׁתָּבִיא אֶת רֵיחוֹת־הַדָּרוֹם הַכְּמוּסִים:
חֲרוּלִים וְאָבָק, אֲפְלוּלִית־פַּרְדֵּסִים
וְנִיחוֹחַ פֵּרוֹת־הַשֵּׁיזָף...

אֶל חַלּוֹן הַפַּיְטָן הַכַּפְרִי שֶׁתָּבוֹא,
וְזָכַר כָּל אוֹתָן הַשָּׁנִים הַטּוֹבוֹת,
לְסַפְּרָן בְּמַחְבֶּרֶת שִׁירָיו.

GENTLE SOUTHERLY BREEZE

It feels like it's been many days upon days
That I've waited for her, a southerly breeze,
        from the orange-groves' soft golden home.

May she come to me gently and warmly and slow:
Evening's southerly breeze from the plains down below,
        with a rustle of sea-onion blooms.

May she bring me the scent of the South's hidden charms:
Of nettles and dust, and citrus grove dark
        and the delicate perfume of plums...

Should she visit this rustic bard's window tonight,
He would surely recall all the years of delight,
        to be told in the book of his poems.

עִם הַבּוּגֶנְוִילֵאָה הָעַתִּיקָה

מָה עָשָׂה הַמְשׁוֹרֵר כְּשֶׁיָּצָא סֵפֶר
שִׁירָיו לָאוֹר
בְּאֵין אִישׁ עִמּוֹ עָרַךְ חֲגִיגָה לְעַצְמוֹ.
אָמַר לְהַפְלִיג בַּוֶּרַנְדָּה הַנּוֹשֵׂאת
אֶת שְׁמוֹ.
אִשָּׁה בְּחָלוּק פְּרָחוֹנִי הֵנִיחָה אֶצְלוֹ
חַרְסִינָה עִם תֵּה וְחֶמְאָה.
הוּא לֹא שָׁתָה, מַפְלִיג הָיָה וְהוֹלֵךְ
בְּמוֹרָד הַמִּיסִיסִיפִּי שֶׁלּוֹ,
מְצַיֵּר בַּמַּיִם טִיּוּטוֹת אַהֲבָה עַל
יַרְכֵי־הַשַּׁיִשׁ שֶׁל הַנְּהָרוֹת,
בַּיְשָׁנִיּוֹת הָיוּ וּמִכָּאן הָאַהֲבָה שֶׁרָחַשׁ
לָהֶן
בִּנְטָשׁוֹ אוֹתָן לְנַפְשָׁן, עוֹזֵב וְהוֹזֶה
אֵצֶל אַרְמוֹנוֹת הַחוֹל הַזָּהֹב
וְהָאֲדָווֹת הָרוֹעֲדוֹת מַכּוֹת סְבִיבוֹ
גַּלֵּי שִׁכְחָה מְתוּקָה.
מִי יוֹדֵעַ מָתַי עוֹד יִפְקֹד
הַזִּכָּרוֹן הַחוֹגֵג וְהַחַם לְעֵת עַתָּה
סִפְרוֹ נִגְמַר. הָאִשָּׁה בְּחָלוּק חִכְּתָה
לָמָּה לֹא שָׁתָה אַתָּה, לָמָּה לֹא
עַכְשָׁו כְּשֶׁהוּא שָׁב
לָמָּה לֹא יִתְעוֹרֵר לִפְנֵי שֶׁמְּאֻחָר
לִפְנֵי שֶׁיָּמוּת כָּכָה אַחַר הַנְּהָרוֹת

WITH THE ANCIENT BOUGAINVILLEA

What did the poet do when his book
　　of poems was published
Having no one with him he held a party for himself.
He decided to set sail on the veranda that bore
　　his name.
A woman in a floral robe placed some
　　china with tea beside him and waited.
He didn't drink, he was sailing far out
　　down the slope of his Mississippi,
painting love drafts in the water on
　　the marble thighs of the river sirens,
they were shy and hence the love he felt
　　for them
when he left them, setting off in visions
　　by the castle of golden sand
while the trembling ripples beat about him
　　waves of sweet forgetting.
Who knows when the memory, warm and celebrating
for now, will come again, now
his book's finished. The woman in the robe waited—
Why didn't he drink with her, why not,
Now that he was back—
Why didn't he wake before too late,
Before he died there after the sirens,

לִצְלֹל אִתָּן בְּחֶשְׁכַת הַנָּהָר.
לָמָה רַק צִלוֹ נִשְׁאַר אִתָּה עַל
הַוֶּרַנְדָּה וְחִכָּה
לִפְתֹּחַ בִּפְרִיחָה לֵילִית עִם
הַבּוּגֶנְוִילֵאָה הָעַתִּיקָה.

Diving with them into the river darkness.

Why did only his shadow remain there with her on

the veranda, waiting

To open up in night flowering with

the ancient bougainvillea.

Trans. Richard Flantz

פְּתִיחָה אֶפְשָׁרִית לְאֶפִּילוֹג

לְזִיו, בְּנִי

‏...כְּאִלּוּ מִזְּמַן הַקֹּר וְהַחֹם / וְהַחֹרֶף
וּמֵאִתְּךָ אֲבִיבוֹ / מְבַקֵּשׁ הַזְּמַן נֵר לַתְּבוּנָה /
וְאוּרָיו הוֹלְכִים הָלוֹךְ וְכָבֹה

יְהוּדָה הַלֵּוִי
(מִתּוֹךְ הַשִּׁיר לְרַבִּי יִצְחָק אַבּוּ אַבְרָהִים בֶּן בָּרוֹן)

חַיַּי עָבְרוּ בֵּין הֲרִיסוֹת מִבְצָר עַתִּיק עַל מֵי הָעַיִן
לִשְׂדוֹת קוֹצִים וּבִרְקִיעַ הָאִיר כּוֹכָב אֶחָד בָּהִיר
שֶׁקָּרָאתִי לוֹ בְּשֵׁם. שָׁאַלְתִּי אֶת נַפְשִׁי אֵילוּ מְסִלּוֹת
עֲלוּמוֹת מְחַבְּרוֹת טֶבַע חַיִּים וְאָמָּנוּת וְגַם מְנוּחָה
בִּקַּשְׁתִּי לִשְׁכֹּן בֵּין עֲנָנֶיהָ וְאֶפְשָׁר כָּלְשֶׁהוּ לְחַיֵּי-אָדָם.
עַל שֻׁלְחָנִי נֶעֱרָמִים סְפָרִים שֶׁאֵינִי מַגִּיעַ אֶל סוֹפָם וְהֵם
נִשְׁאָרִים פְּתוּחִים בַּמָּקוֹם שֶׁבּוֹ נִגְלָה לִי צֵרוּף מִלִּים
מְרַגֵּשׁ אוֹ מַחְשָׁבָה גּוֹאֶלֶת, מְחַכִּים לְשָׁעָה אַחֶרֶת
לָשׁוּבִי עָיֵף לְחַפֵּשׂ נִחוּמִים בְּדִבְרֵי חֲכָמִים.
הָיִיתִי אִישׁ בְּלִי דָּת אֲבָל אָהַבְתִּי אֶת הַמִּלָּה אֱלֹהִים
יְצִיר דִּמְיוֹנוֹ וְכִלְיוֹן נַפְשׁוֹ שֶׁל אָדָם. "בְּגַנִּי נְטַעְתִּיךָ"
וְ"גַם כִּי אֵלֵךְ בְּגֵיא צַלְמָוֶת לֹא אִירָא רָע"—אֵיךְ הָיִיתִי
יָכוֹל בִּלְעֲדֵי אֲמִירָה זֹאת לָשֵׂאת עַיִן אֶל מְצוּקוֹת הַזְּמַן.
"רַךְ מְאֹד עַרְבִי מְאֹד כִּמְעַט נִתַּן לוֹמַר חוֹלְמָנִי" גַּם זֶה
מֵאֶחָד-הַדַּפִּים הַקּוֹרְנִים. שְׁקִיעוֹת שֶׁמֶשׁ כָּאֵלֶּה נִדְמוּ בְּעֵינַי
לִתְמוּנָה אַחֲרוֹנָה שֶׁל חִזָּיוֹן אִישִׁי מְאֹד הַדּוּר בִּיגוֹנוֹ
הִנֵּה לַבַּסּוֹף גַּם הַשֶּׁמֶשׁ הַגְּדוֹלָה שֶׁחָדְלָה לִשְׂרֹף. הִנְחִיתָה
הַרְכָּה אֶל הָאֹפֶק, מַגַּע מְפַיֵּס בֵּין שָׁמַיִם לָאָרֶץ וְאֵיזֶה
לַחַן לֵילִי, קָצֶה שֶׁל מַנְגִּינָה שֶׁאָבְדָה בֶּחָלָל וְהוֹתִירָה
קִינָה, אוּד עָשֵׁן מִינוֹרִי שֶׁהִתְחַבֵּר בְּנַפְשִׁי עִם הַדִּמְדּוּמִים

A POSSIBLE INTRODUCTION TO AN EPILOGUE

for my son, Ziv
...As if from time of cold and heat / and the winter
and from you his spring / time asks for a candle for enlightenment
and its light flickers and fades

Yehuda HaLevi
(from the poem to Rabbi Yitzchak Abu Abrahim ben Baron)

My life passed amid ancient fortress ruins on the waters of the spring
to thorn fields, and in the firmament one bright star brought light
that I called by name. I asked my soul which unknown tracks
connect nature, life, and art, and rest as well.
I asked to dwell among its clouds and for some meaning to the life of
     man.
On my desk, books pile up that I do not come to the end of, and they
remain open to the place where an exciting joining of words
or a redeeming thought was discovered to me, waiting for another hour
for my return, too tired to search for solace in the words of the wise.
I was a man with no religion, but I loved the word God,
  the creation of imagination and aching yearning of the soul of man:
"In my Garden I have planted thee"
And "Though I walk through the Valley of the Shadow of Death
I will fear no evil." How could I
without that saying face the troubles of time.
"Very soft, very dusky, one may almost say it is dreamy."
That too from one of the shining pages.
Sunsets like these seemed to me like the last picture
of a very private vision, bedecked in sorrow.

וְרַק זְכוּרָה לִי מִלָּה אַחַת חוֹזֶרֶת עַל עַצְמָהּ: אֵינְסוֹף
אֵינְסוֹף. הַיָּד מוּשֶׁטֶת לַחְפֹּן אֲלֻמַּת קוֹצִים יְבֵשִׁים
אוֹ חֹפֶן־עָפָר כְּדֵי לָחוּשׁ אֲדָמָה—הַיָּד הַזֹּאת שֶׁנּוֹעֲדָה
אוּלַי לְמַשֶּׁהוּ אַחֵר כְּמוֹ לְסַתֵּת אֲבָנִים כְּבֵדוֹת אוֹ לִזְרֹעַ
שְׂדוֹת יַד־אִכָּרִים שֶׁבְּכֹרַח הַנְּסִבּוֹת וּמַצְבֵּי־הָרוּחַ נוֹתְרָה
בֵּין הַסְּפָרִים. עֶרְגַּת הַיָּד אֶל הֶעָפָר כְּעֶרְגַּת הַחֲלוֹם אֶל
הַלֵּב, הַכֹּל כָּאן מִתְעַרְבֵּב, כֹּה מְגֻשָּׁם טָוִיתִי בִּגְדֵי־שַׁעֲשׁוּעַי
לָבַשְׁתִּי מַסֵּכוֹת; קַבְּצָן שֶׁהִתְחַפֵּשׂ לִגְבִיר, צָמִית שֶׁהִתְחַזָּה לְמֶלֶךְ
כְּדֵי לִזְכּוֹת בִּנְדִיבוּת לֵב אֲנָשִׁים וְאַהֲבַת נָשִׁים, לִגְנֹב
עוֹד דַּקָּה מִתּוֹךְ הַהַצָּגָה, לְהוֹסִיף עוֹד שׁוּרָה. לְהִשָּׁאֵר בַּזִּירָה.

Finally here as well is the great sun that has ceased to burn.

The soft landing on the horizon, a conciliatory touch

between sky and earth and some nocturnal melodies,

the end of a lyric lost in space and leaving a lament,

a minor smoking ember which connected in my soul with the twilight.

And I can only recall one repeated word: infinite.

Infinite. The hand outstretched to grasp a sheaf of dried thorns

or a handful of dust in order to feel the earth

this hand that perhaps was meant for something else,

like cutting heavy stones or sowing fields,

the farmer's hand that by compulsion of circumstance and mood

was left among the books. That yearning of hand to the dust

like the longing of a dream to the heart,

everything here is mixing together, clumsily I weave my motley.

I put on masks; a pauper disguised as a wealthy man,

a serf pretending to be king

in order to win men's generosity and the love of women, and to wage

another moment of the show, to add another line, to remain on stage.

Trans. Karen Alkalay-Gut

אֵם הָעוֹלָם

אִם הָעוֹלָם הַזֶּה הוּא יָם—
אֵלָיו הוֹלְכִים כָּל הַנְּחָלִים.
אִם הָעוֹלָם הַזֶּה הוּא חוֹף—
תּוּגַת־יַמּוֹ מַכָּה גַּלִּים.

אִם הָאָדָם הוּא יַעַר־עַד—
סוּפוֹת נוֹשְׁבוֹת בַּאֲמִירָיו.
אִם הָאָדָם הוּא שִׂיחַ קָט—
בַּלָּאט נוֹשְׁרִים פִּרְחֵי־שִׁירָיו.

סוּפוֹת נוֹשְׁבוֹת בַּאֲמִירָיו
נוֹשְׁרִים בַּלָּאט פִּרְחֵי־שִׁירָיו;
כִּי הָאָדָם גַּם שִׂיחַ קָט,
גַּם יַעַר־עַד—סוּפוֹת בַּאֲמִירָיו!

IF THIS WORLD

If this world is a sea—
All the rivers run into it.
If this world is a shore—
Its sea-grief makes waves.

If man is a forest primeval—
Windstorms blow in his treetops.
If man is a tiny shrub—
His song-buds fall in secret.

Windstorms blow in his treetops
His song-buds fall in secret;
For man is both a tiny shrub,
And a forest primeval—with windstorms in his treetops!

כְּמוֹ הַיָּם

מָה לֹא סִפְּרוּ עַל נֶפֶשׁ הָאָדָם,
יוֹמָהּ הַמַּר וּמְתִיקוּת לֵילֶיהָ,
וְהִיא כְּמוֹ שֶׁאָז כֵּן גַּם עַתָּה
עוֹדֶנָּה בִּבְתוּלֶיהָ;

יוֹצֵאת הַנֶּפֶשׁ לַבְּקָרִים
בְּתֻמָּתָהּ וּבְבִלְבּוּלֶיהָ
לָתֵת גֵּוָהּ לַסּוֹחֲרִים
בְּקַב לַחְמָהּ וּמְחִיר מֵימֶיהָ.

בַּכִּכָּרוֹת הַבּוֹדְדוֹת שׁוֹקֵק הַלַּיְלָה בֵּין שָׁדֶיהָ
וְהִיא כְּאוֹר אַחַר צֵלוֹ
חוֹזֶרֶת שׁוּב אֶל חֲטָאֶיהָ.

אֲבָל גְּבָרִים, כְּמוֹ תְּהוֹם הַיָּם—
כָּל זֻהֲמַת עוֹלָם אֵלָיו שׁוֹטֶפֶת
וְהוּא טָהוֹר—
כָּךְ נֶפֶשׁ הָאָדָם, כְּמוֹ הַיָּם.

LIKE THE SEA

What won't they say about the soul of man,
Her bitter day and her midnight sweetness,
But she will stay forever just the same
eternal virgin princess.

Out goes the soul at break of day
Wrapped in her innocence and tatters
And gives her back to the early trade
for an ounce of bread and the price of water.

In lonely empty city squares around her breasts the night comes
                                                    spinning
And like a light after his shade
she'll fall again into her sinning.

But men are truly like the deep blue sea—
The world keeps spilling all its filth right in it
and still it's pure—
So too the soul of man, just like the sea.

מוֹכֶרֶת פְּרָחִים קְטַנָּה

אִם תֵּלְכוּ בְּצִדֵּי דְּרָכִים
אָז תִּרְאוּ שֶׁיַּלְדָּה עוֹבֶרֶת
וְאוֹסֶפֶת בַּטַּל פְּרָחִים
וּבָעִיר אֶת כֻּלָּם מוֹכֶרֶת.

מוֹעֲדֵי זִכָּרוֹן קְרֵבִים
יוֹם שֶׁל אֵבֶל פּוֹקֵד הַקֶּרֶת
אָז בָּאִים אֲנָשִׁים עֲצוּבִים;
תְּנִי פְּרָחִים לְבָנִים לְמַזְכֶּרֶת.

וְשִׂמְחָה אוֹ יְמֵי חֲתֻנּוֹת,
אוֹ נוֹלַד לְמִישֶׁהוּ יֶלֶד,
שׁוּב יָבוֹאוּ אֵלֶיהָ לִקְנוֹת
זֵר פְּרָחִים שֶׁל אָדֹם אוֹ תְּכֵלֶת.

לְכֻלָּם פִּרְחֵי־חֵן תִּמְכֹּר
אֲבָל הִיא תִּשָּׁאֵר בְּלִי פֶּרַח
אֶת רַגְלֶיהָ אוֹכֵל הַקֹּר
וְיָדֶיהָ קוֹפְאוֹת כַּקֶּרַח.

כְּבָר הַחֹשֶׁךְ יוֹרֵד לָרְחוֹב
שֶׁיִּקְנֶה כָּל מִי שֶׁיָּכוֹל,
פִּרְחֵי־עֶצֶב פִּרְחֵי־מַתָּנָה
מִמּוֹכֶרֶת פְּרָחִים קְטַנָּה.

LITTLE FLOWER GIRL

While you're strolling along the road
A small girl will be picking flowers.
In the dew to and fro she goes;
Then she sells them in town for hours.

When Memorial Day grows near
Every town is so dark with sorrow,
People cling to a sad souvenir;
Your white blossoms give hope for tomorrow.

For the bliss of a wedding day
Or the joy of a newborn baby
She will have just the right bouquet;
Red or turquoise will make them happy.

Pretty flowers make them feel so nice,
But for her not a flower is chosen
While her feet are as cold as ice
And her poor little fingers frozen.

After dark on a city street
She sells flowers for sad times or sweet.
When you buy them she knows that you care,
Little flower girl in the square.

שִׁירִים עַד כָּאן

שִׁירִים עַד כָּאן. נִתְּנָה לָנוּ אֲרֻכָּה
עַד שֶׁהַזְּמַן שֶׁלָּנוּ יֵעָצֵר.
הָיוּ גְּשָׁמִים וָאוֹר מַה עוֹד אֶפְשָׁר לִרְצוֹת
יָפִים מִמֶּנִּי וּמִמְּךָ הָאֲדָמָה לָקְחָה.
שִׁירִים עַד כָּאן. עַל קֶשֶׁר הַשְּׁתִיקָה
הִגִּיעָה שְׁעָתֵנוּ לְוַתֵּר.
פְּרָגִים שֶׁלָּנוּ לֹא הָיוּ אֲדֻמִּים יוֹתֵר
חֲטָאֵינוּ לֹא כַּשֶּׁלֶג הִלְבִּינוּ
שֶׁכָּאֵלֶּה תָּמִיד הָיִינוּ; צִפּוֹרִים שֶׁלֹּא יָדְעוּ מְנוּחָה
סִפּוּרִים שֶׁל זְמַן קָשׁוּחַ וְחָכָם.
שִׁירִים עַד כָּאן. דַּקָּה אַחַר דַּקָּה
קְצָרוֹת וְאוֹהֲבוֹת וְכוֹאֲבוֹת
אֲבָל הָאַחֲרוֹנָה סוֹפִית וַאֲרֻכָּה
שְׁעוֹן הַשֶּׁמֶשׁ וְהַחוֹל הִגִּיעַ עַד הַקַּו.
שִׁירִים עַד כָּאן. בְּגֹבַהּ הַפִּסְגָּה
גַּם הָאֲוִיר מַתְחִיל לִהְיוֹת דָּלִיל
אֲבָל לָכֶם וְלִי עוֹד נִשְׁאֲרוּ מִלִּים
לִזְכֹּר אֵיךְ שֶׁהָיִינוּ כָּאן כְּשֶׁיִּסָּגֵר הַגַּן.
הַבְּכִי וְהַצְּחוֹק, הַמַּר וְהַמָּתוֹק
קוֹלוֹת הָאֲנָשִׁים. כּוֹכְבֵי הַזְּמַן
הַשֶּׁמֶשׁ וְהַיָּם, הַלֶּחֶם, הָעוֹלָם
וְכָל מַה שֶׁהָיָה נַשְׁאִיר לִחְיוֹת בְּתוֹךְ הַשִּׁיר.

POEMS JUST THIS FAR

Poems just this far. We're granted a reprieve

Until our given time draws to a close.

Warm rains and skies aglow, how could we ask for more

Much fairer men than you and I the good Earth has received.

Poems just this far. It's time that we concede

And break the bond of silence that we've shared.

Our poppies never were any redder than theirs

Our sins were never white as the drifting snow

And it seemed we'd always be so; weary birds that never stopped,
    always flew

Stories of a time that was wise but harsh and cruel.

Poems just this far. Each minute will renew

Though brief or full of love or filled with pain

Until the final cue when our longest minute's through

The timepiece of our sun and sand is filled up to the line.

Poems just this far. And as for yours and mine

Atop the peak the air will soon grow thin

And yet we will recall in words that shall remain

Exactly how we were before they've locked the garden door.

The laughter and the tears, the sweet and bitter years

The voices of our friends, the season's stars

The golden sun, the sea, our daily bread, the world

And all the things that were we leave within the poem to live.

טֶרְמִינָל

רַחַשׁ דַּפִּים עֲבֵשִׁים. תְּסִיסַת יֵינוֹת־הַחָכְמָה וְהַיֹּפִי
בְּצֶנֶת־הַבּוֹדְלְיָאנָה, יֶקֶב הַסְּפָרִים שֶׁל אוֹקְסְפוֹרְד
תַּחֲנָה אַחֲרוֹנָה לְכִתְבֵי הַיָּד שֶׁל הַמְשׁוֹרְרִים.
פּ"ן וְנֹחַ מְנוּחַת עוֹלָמִים בְּשָׁלוֹם כְּתַב יָדוֹ
שֶׁל רַבִּי מֹשֶׁה בֶּן מַיְמוֹן לְיַד טִיּוּטָה שֶׁל דּוֹן
וּבִשְׁכֵנוּת טוֹבָה פֶּרְסִי בִּישׁ שֶׁלִי, תַּלְתַּל זָהָב
מְשַׂעֵר רֹאשׁוֹ הַיְּפֵהפֶה, מְפַתֶּה וְתָמִים כְּאוֹתָהּ
שׁוּרָה אַחֲרוֹנָה בִּכְתַב יָדוֹ הַמִּתְחַנֵּן בְּשִׁיר
אַהֲבָה לְרוּחַ הַמַּעֲרָב:
If winter comes can spring be far behind
זוֹ שֶׁמְּאִירָה תָּמִיד כְּבָרָק בַּעֲנָנִי.

TERMINAL

Whisper of mildewed pages, effervescence of wisdom and beauty's
wines
in the chill of the Bodleian, Oxford's wine-cellar of books.
Last stop for poets' manuscripts.
Here lies and rests eternally in peace the manuscript
of Rabbi Moses ben Maimon beside a draft of Donne
and good neighbor to Percy Bysshe Shelley, a golden lock
of his beautiful hair, seductive and innocent as that
last line in his own florid hand of the love poem
to the West Wind:
If Winter comes, can Spring be far behind?
The one that always lights up my clouds like lightning.

מַחְשְׁבוֹת־סְתָו

"כְּתֹב אִם תּוּכַל עַל צַד אַחֲרוֹן זֶה שֶׁלְּךָ אֶת הַיּוֹם
אֶת הַשֵּׁם אֶת הַמָּקוֹם וּזְרֹק אוֹתוֹ הַיָּמָּה וְיִצְלֹל"
ג' סָפְּרִיס

הַפְּנִינָה חָזְרָה כַּזָּכוּר לַמְּעוֹנָה בַּמְּצוּלוֹת
וְקִנּוֹ מָלֵא לְחִישַׁת־יַלְדוֹ הַחוֹלֶה, שׁוּב
צוֹלֵל שָׁכֵן אֵין לוֹ יָם אַחֵר. מִשְׂחָק אִלֵּם
וְשִׁיבָה עֲצוּבָה בְּיָדַיִם רֵיקוֹת וּבְאוֹר מָלֵא.
הָיִיתִי לֹא פַּעַם קִנּוֹ כָּזֶה שֶׁהָרַעַד חוֹלֵף
בְּגַבּוֹ טֶרֶם שַׁחַר לִפְנֵי יְקִיצָה וַעֲשַׁן־סְתָו
מַצִּיר בִּשְׁמָיו עַנְנֵי־צִפֳּרִים, שׁוֹאֵל אֶת נַפְשִׁי
מָתַי זֶה וְאֵיךְ הֵחֵלּוּ הַדְּבָרִים לְהִסְתַּבֵּךְ וְאִם
עוֹד אֶפְשָׁר טָעֻיּוֹת אֲחָדוֹת בְּטִיּוּטַת־הַשָּׁנִים
לְתַקֵּן. הַחֹרֶף מְמַשְׁמֵשׁ וּבָא וְהַמֶּלַח הוֹלֵךְ וְכָבֵד.
בְּטַנְטוּרָה אוֹסֵף הַדַּיָּג הַזָּקֵן אֶחָד לְאֶחָד אֶת
חַרְמֵי־הַלַּיְלָה הָרֵיקִים וְהוֹגֶה בְּקִנְאָה בַּשְּׁחָפִים.
שֶׁקֶט שֶׁבֵּין סְעָרָה לִסְעָרָה. סוֹף אוֹקְטוֹבֶּר שְׁמוֹנִים
וּשְׁתַּיִם עוֹד מִלְחָמָה נִגְמְרָה. רֵיחַ דָּם בָּאֲוִיר
הַשַּׁלְדָּג מַאֲפִיר, הַיָּמִים מַקְדִּימִים
לְהַחֲשִׁיךְ. שֶׁאַשְׁלִיךְ עוֹד חַכָּה
שֶׁאַתְחִיל עוֹד שִׁיר
אוֹ אֶחְתֹּם אֶת שְׁמִי בְּשׁוּלֵי־הַקִּינָה הָעַתִּיקָה?

AUTUMN THOUGHTS

"Write if you can on this last shell of yours the day
the name and the place and throw it out to sea and it will sink"
G. Seferis

The pearl we recall returns to its home in the deep
and Kino filled with his ill child's murmuring, again
dives for surely he has no other sea. A mute swim
and a sad return empty-handed and in full light.
More than once I have been such a Kino, a shiver down his
back in the not yet dawn before he awoke as autumn smoke
painted bird-clouds in his sky beseeching my soul
just when and how did things get fouled up and if
several errors in the draft of the years might not still be
corrected. Winter draws near and the salt grows heavy.
In Tantura the old fisherman gathers the empty nets of
the night one by one and studies the seagulls with envy.
The lull between storms. End of October eighty
two another war is done. The smell of blood is in the air
The Kingfisher is graying the days darken
early. Should I cast my hook again
start another poem
or sign my name in the margin of the age-old lament?

בְּרוּקְלִין־הַיְטְס

בִּבְרוּקְלִין־הַיְטְס בֵּין אַרְמְנוֹת
נְיוּ־אַמְסְטֶרְדָּם הָעַתִּיקָה לְעֵת שְׁקִיעָה
פָּגְעָה בָּהֶם אִשָּׁה אַחַת מֵאֶרֶץ הָעִבְרִים
אֶל כֶּלֶא אַרְמוֹנָהּ נִפְתּוּ בִּזְרוֹעַ עֲדִינָה
גַּעְגּוּעִים טָרְפוּ אֶת כָּל חוּשֶׁיהָ לְיַפּוֹ
לִזְהַב הַחוֹל, אֶל הַמֶּלְחָה אֶל מֶתֶק הַתַּפּוּז
לְעַרְפֶל אָבָק נוֹפֵל עַל עִיר מוֹלַדְתָּהּ
פִּתְאֹם גִּלְּתָה אוֹתָם, כְּלֵי שַׁיְט עַתִּיקִים
בְּמַעֲלֵה הָרְחוֹב. בֵּין רָהִיטֵי הַמַּהֲגוֹנִי
לְנִיחוֹחַ עָבֵשׁ מִתְקַתֵּק שֶׁל אַלְבּוֹמִים שָׁם
נָחָה בַּאֲבַק יַלְדוּת שֶׁלָּהּ וּבוְרִידִים
אֻרְבָּה כְּבָר הַשְּׂרֵפָה. כְּלוּם לֹא הָיָה לָהּ
שָׁם מִתַּחַת לַחֲלוּק מִלְּבַד גּוּפָהּ. בְּטֵרוּפָם
הֵם נִמְלְטוּ לָרְחוֹב. הַחֹשֶׁךְ הַנָּדִיב כִּבָּה
אֶת הַדְּלֵקָה. אִישׁ אִישׁ חָמְקוּ עִם הַשְּׁתִיקָה
וּפֵשֶׁר הָעַצְבוּת עַל חֵטְא שֶׁלֹּא יָכְלוּ לַחֲטֹא
נִשְׁאַר תָּלוּי לוֹ בָּאֲוִיר
בַּחֹשֶׁךְ שֶׁהֵגִיחַ אֶל הָעִיר.

BROOKLYN HEIGHTS

In Brooklyn Heights by palaces
of old New Amsterdam at dusk in evening's calm
upon them came a woman from the Hebrew Holy Land
Into her palace prison they were charmed with gentle arm
Her senses driven wild by all her longings for Jaffa
It's golden sand and salty marsh, the sweetness of an orange
The dusty mist that falls on the city of her birth
At once she'd spotted them, two sailing ships of old
coming up the street. Between the mahogany furniture
and the musty sweet perfume of picture albums there she was
reclining in her childhood's dust but in her veins
a fire was lurking. Not a thing was hiding
beneath her robe except her body. In utter frenzy
they ran out into the street. The altruistic dark put out
the blazing fire. Each one slipped off without a word
and the melancholy meaning of a sin they could not sin
remained still suspended in the air
as darkness overtook the city there.

תָּמִיד לְאֹרֶךְ הַחוֹף

לִפְעָמִים מַיִם לִפְעָמִים חוֹל
תָּמִיד רוּחוֹת
מַפְרִיחוֹת פֵּרוּרֵי־יָם מְלוּחִים
אוֹמֵר לְנַפְשׁוֹ קַר לִי
מְאַחֵר לִי
מֵאַיִן לוֹקְחִים כּוֹחוֹת
לְהַתְחִיל עַכְשָׁו
לִשְׂחוֹת.
תָּמִיד לְאֹרֶךְ הַחוֹף
וְגַעְגּוּעָיו מְדַמִּים לוֹ מִפְרָשִׂים וָאֳנִיּוֹת
פְּרֵדָה מֵחוֹפִים אֲחֵרִים
וְהוּא מַלָּח בִּצְי הַמְשׁוֹרֵר, מָקֵף זְרָמִים קָרִים
וּזְקָנוֹ רוֹעֵד כְּמוֹ קֶצֶף
שִׁכּוֹר וּמְאֹהָב בַּמּוֹנַרְכִיָּה הָעַתִּיקָה שֶׁל הַיָּם
וּבַחֲלוֹלוֹת הַנּוֹדְדִים וּבָעֶצֶב
הַנּוֹשֵׁב תָּמִיד לְאֹרֶךְ הַחוֹף.

ALWAYS ALONG THE SHORE

Always along the shore
sometimes water sometimes sand
always winds
scattering salt sea crumbs
He says to his soul
I'm too cold
I'm too old—
from where the strength
to begin now
to swim.
Always along the shore
and his longings seem to him sails and sighs
farewells from other shores
and he is a sailor in the poet's fleet, surrounded by cold currents
and his beard quivers like froth
drunk and in love with the ancient monarchy of the sea
and with shifting sands and sadness
blowing always along the shore.

Trans. Karen Alkalay-Gut

LIST OF SONGS • רשימת שירים

All lyrics by Natan Yonatan
Music by Gidi Koren except for "Yael" (a Russian melody)
Arrangements by Gidi Koren except for 1, 2, 9, 13 by Moni Arnon
English versions (1, 9) by Janice Silverman Rebibo
Musical production and management: Gidi Koren
All songs performed by "The Brothers and the Sisters" except for 5, 7 and 11
    by Gidi Koren

ABOUT "THE BROTHERS AND THE SISTERS" AND THE CD

"*The Brothers and The Sisters*" was founded in 1971 by *Gideon Koren*, then a medical student, writer, and musician, and today an internationally renowned professor of Pediatrics, Pharmacology, Toxicology, and Medical Genetics at the University of Toronto, and still a musician.

The four artists, *Suzie Miller, Varda Sagy, Moni Arnon* and *Nimrod Paz* have developed a unique style of Israeli folk with strong affinity to the American folk sound.

During the seventies the group performed extensively in Israel and Europe, winning first place in several national song festivals.

In 1974 the group created the first program totally dedicated to the poems of the respected Israeli poet *Natan Yonatan*, and many of their hits are based on his poetry.

In 2004 the "Brothers and Sisters" reunited due to strong demand by the media and their fans for their unique style of Israeli music. Their first project is the CD which is attached to this book.

All the songs, (except for "Yael") were composed by *Gideon Koren*, who is the musical director and producer of this new CD.

The CD includes eleven songs, two of which are performed both in English and in Hebrew.

A SORT OF BALLAD

If a painful crown of thorns
would be your only pleasure,
to the desert I will go,
there to study pain.
And if the songs you love
must in stone be written
I'll live out on the cliffs
and there carve my refrain.

Then when we're covered up
With sand deep in the darkness
And all we've said and done
Has vanished out of view
You'll tell me words that are
Sweeter than tears or happiness
Now at last I realize
He loved me too.

with Moni Arnon and Gidi Koren

IF THIS OLD WORLD

If this old world is like a sea—
The rivers run so strong and free.
If this old world is just a shore—
Its sad blue waves beat forevermore.

If a man's a wood grown old—
Through all his branches wild winds blow
And if a man's a weed so low—
Down to the ground his song-flow'rs go.

If this old world is like a sea—
The rivers run so strong and free.
And if this world is just a shore—
Its sad blue waves will beat forevermore.

Through all his branches wild winds blow
Down to the ground his song-flow'rs go
Because a man's a weed so low,
A wood grown old—where wild winds blow!

with Moni Arnon and Gidi Koren

List of Publications

Dusty Paths (poems), Sifriat Poalim, 1951

To the Fallow Land (poems for children), Sifriat Poalim, 1954

Once We Loved (poems), Sifriat Poalim, 1957

Between Spring and a Cloud (stories for teens), Sifriat Poalim, 1959

Once-Loved Dusty Paths (selected poems), Sifriat Poalim, 1960

Poems Along the Shore (poems), Sifriat Poalim, 1962

Lilac (stories for children), Sifriat Poalim, 1963

Poems of Dust and Wind (poems for teens), Sifriat Poalim, 1965

Till the End of Indian Summer (American travelogue), Sifriat Poalim, 1968

Poems at Sea-Dusk (poems), Sifriat Poalim, 1970

More Stories Between Spring and a Cloud (stories for teens), Sifriat Poalim, 1971

Poems (Dedicated to Lior) (poems), Sifriat Poalim, 1974

Stones in the Darkness (selected poems translated into English), Sifriat Poalim, 1975

Poems This Far (poems), Sifriat Poalim, 1979

Salt and Light (selected poems translated into Russian), Sifriat Poalim, 1980

Pocket Collection (selections from 40 years of poetry), Hakibbutz Hameuchad, 1982

Shores (100 poems set to music, including both words and music), Keter, 1983

Other Poems (poems), Sifriat Poalim, 1984

Itzik Manger—Selected Poems (translations from Yiddish to Hebrew), Keter, 1987

Poems on the Mountain Ranges (poems), Zmora-Bitan, 1988

Poems with Love (collected love poems), Sifriat Poalim, 1990

Poems on Earth and Water (collected poems of landscape), Sifriat Poalim, 1993

Veiled Faced is the Time (poems), Sifriat Poalim, 1995

Salt and Light (selected poems translated into Bulgarian), Sifriat Poalim, 1995

Poetry's Grace (collected poems on the art of poetry), Sifriat Poalim, 1996

Gleanings and Forgotten Sheaves (selected poems), Sifriat Poalim, 1997

Poems on "Sefer Hayashar" (collection of poems inspired by the Bible and other Jewish sources, stories and myths), Or-Am, 1998

Poems Cloaked in Evening (last poetry anthology selected and edited by Natan Yonatan, published two days after his death), Yediot Ahronot, 2004.